红色广东丛书

# 大革命时期
# 广东工农运动

张长明 编著

SPM
南方出版传媒
广东人民出版社
·广州·

**图书在版编目（CIP）数据**

大革命时期广东工农运动 / 张长明编著. —广州：广东人民出版社，2021.6

（红色广东丛书）

ISBN 978-7-218-14821-2

Ⅰ.①大… Ⅱ.①张… Ⅲ.①新民主主义革命—革命史—广东 Ⅳ.①K296.5

中国版本图书馆CIP数据核字（2020）第263711号

DAGEMING SHIQI GUANGDONG GONGNONG YUNDONG

**大革命时期广东工农运动**

张长明 编著

版权所有 翻印必究

出 版 人：肖风华

出版统筹：钟永宁
责任编辑：曾玉寒 李宜励
装帧设计：时光机工作室 李卓琪
责任技编：吴彦斌 周星奎

出版发行：广东人民出版社
地 址：广州市海珠区新港西路204号2号楼（邮政编码：510300）
电 话：（020）85716809（总编室）
传 真：（020）85716872
网 址：http://www.gdpph.com
印 刷：广东鹏腾宇文化创新有限公司
开 本：787mm×1092mm 1/16
印 张：10.5 字 数：130千
版 次：2021年6月第1版
印 次：2021年6月第1次印刷
定 价：32.00元

如发现印装质量问题，影响阅读，请与出版社（020-85716849）联系调换。
售书热线：（020）85716826

# 总　序

　　百年征程波澜壮阔，百年大党风华正茂。习近平总书记在党史学习教育动员大会上指出："我们党的一百年，是矢志践行初心使命的一百年，是筚路蓝缕奠基立业的一百年，是创造辉煌开辟未来的一百年。"翻开风云激荡的百年党史，一代又一代中国共产党人，用鲜血和生命浸染了党旗国旗的鲜亮红色，书写了可歌可泣的历史篇章，铸就了彪炳史册的丰功伟绩。一百年来，党的红色薪火代代相传，革命精神历久弥坚，红色基因已深深根植于共产党人的血脉之中，成为我们党坚守初心、永葆本色的生命密码。

　　广东是一片红色的热土，不仅是近代民主革命的策源地，也是国内最早传播马克思主义、最早成立共产党早期组织的省份之一。在新民主主义革命的漫长历程中，广东党组织在中共中央的领导下，发动、组织和领导广东人民开展了一系列广泛而深远的革命斗争。1921年，广东党组织成立后，积极开展工人运动、青年运动，并点燃农民运动星火。第一、二、三次全国劳动大会连续在广州召开，全国工人运动的领导机关——中华全国总工会在广州诞生。中国社会主义青年团第一次全国代表大会在广州召开，促进了全国团组织的建立、发展。在"农民运动大王"彭湃领导下，农潮突起海陆丰影响全国。

1923年，中共中央机关一度迁至广州，中国共产党第三次全国代表大会在广州召开，推动形成了第一次国共合作，建立了国民革命联合战线，掀起了大革命的洪流。随后，在共产党人的建议下，黄埔军校在广州创办，周恩来等共产党人为军校的政治工作和政治教育作出了重要贡献，中国共产党也从黄埔军校开始探索从事军事活动。在共产党人的提议下，农民运动讲习所在广州开办，先后由彭湃、阮啸仙、毛泽东等共产党人主持，红色火种迅速播撒全国。1925年，广州和香港爆发省港大罢工，声援五卅运动，成为大革命高潮时期一个十分引人注目的重要斗争。1926年，在统一广东革命根据地后，国民革命军在广州誓师北伐，以共产党员为骨干的北伐先锋叶挺独立团所向披靡，铸就了铁军威名。在北伐战争胜利推进的同时，广东共产党组织和党领导的革命队伍迅速扩大和发展，全省工农群众运动也随之进入高潮。

1927年"四一二"反革命政变以后，广东共产党组织在全国较早打响反抗国民党反动派血腥屠杀的枪声，广州起义与南昌起义、秋收起义一起，成为中国共产党独立领导中国革命、创建人民军队的伟大开端。随后，广东党组织积极探索推进工农武装割据，在海陆丰建立第一个县级苏维埃政权，并率先开展土地革命，开启了中国共产党领导人民进行的最重大的社会变革。与此同时，广东中央苏区逐步创建和发展起来，为中国革命的发展作出了不可磨灭的贡献。1931年，连接上海中共中央机关与中央苏区的中央红色交通线开辟，交通线主干道穿越汕头、大埔，成功转移了一大批党的重要领导，传送了重要文件和物资，成为土地革命战争时期党的红色血脉。1934年，中央红军开始了举世瞩目的长征，广东是中央红军从中央苏区腹地实施战略转移后进入的第一个省份，中央红军在粤北转战21天，打开了继续前进的通道，成功走向最后的胜利。留守红军在赣粤边、闽粤边和琼崖地区进行了艰苦卓绝的游击战争，高举红旗永不倒。

抗战全面爆发后，中共中央和中共中央长江局、南方局十分重视和加强对广东党组织的领导，选派了张文彬等大批干部到广东工作。日军侵入广东以后，广东党组织奋起领导广东人民开展敌后抗日游击战争，成立了东江纵队、琼崖纵队、珠江纵队、广东人民抗日解放军、南路人民抗日解放军和韩江纵队等抗日武装，转战南粤辽阔大地，战斗足迹遍及70多个县市。华南敌后战场成为全国三大敌后抗日战场之一，党领导的广东人民抗日武装被誉为华南抗战的中流砥柱。香港沦陷以后，在中共中央的领导和周恩来等人的精心策划安排下，广东党组织冲破日军控制封锁，成功开展文化名人秘密大营救，将800多名被困香港的文化名人、爱国民主人士及家眷、国际友人等平安护送到大后方，书写了抗战史上的光辉一页。

解放战争时期，在中共中央的领导下，华南地区大力开展武装斗争，开辟出以广东为中心的七大块游击根据地，成立了中国人民解放军琼崖纵队、粤赣湘边纵队、闽粤赣边纵队、桂滇黔边纵队、粤中纵队、粤桂边纵队和粤桂湘边纵队等人民武装，其中仅广东武装部队就达到8万多人，相继解放了广东大部分农村，在全省1/3地区建立起人民政权，为广东和华南的解放创造了有利条件。在广东党组织的配合下，人民解放军南下大军发起解放广东之役，胜利的旗帜很快插遍祖国南疆。

革命烽火路，红星照南粤。广东见证了中国共产党从新生到大革命、土地革命，再到抗日战争、解放战争等革命斗争全过程。其间，毛泽东、周恩来、刘少奇、朱德、邓小平、叶剑英、彭德怀、刘伯承、贺龙、陈毅、聂荣臻、徐向前、李富春、粟裕、陈赓等老一辈革命家和李大钊、蔡和森、瞿秋白、陈延年、彭湃、叶挺、杨殷、邓发、张太雷、苏兆征、杨匏安、罗登贤、邓中夏、恽代英、萧楚女、阮啸仙、张文彬、左权、刘志丹、赵尚志等一大批革命先烈都在广东战斗过，千千万万广东优秀儿女也在革命斗争中抛头颅、洒热血，留下了光照千秋的革命历史和革命精神。广东这片红色热土，老区苏区遍布全省，大大小小的革命遗址分布各地，留下了宝贵而丰厚的红色文化历史遗产。

习近平总书记强调，中国革命历史是最好的营养剂。重温这部伟大历史能够受到党的初心使命、性质宗旨、理想信念的生动教育，必须铭记光辉历史、传承红色基因。我们有责任把党领导广东人民进行革命斗争的光辉历史和伟大功绩研究深、挖掘透、展示好，全面呈现广东红色文化历史，更好地以史铸魂、教育后人，让全省人民在缅怀英烈、铭记历史中汲取砥砺奋进的强大力量，让人们深刻认识红色政权来之不易，新中国来之不易，中国特色社会主义来之不易，确保红色江山的旗帜永远高高飘扬。

为充分挖掘广东红色文化资源的丰富内涵，我们组织省内党史、党校、社科、高校等专家学者，集智聚力分批次编写《红色广东丛书》。丛书按照点面结合、时空结合、雅俗结合原则，分为总论、人物、事件、地区、教育五个版块。总论版块图书，主要综述中国共产党在广东的革命斗争历史概况，人物版块图书主要讴歌广东红色人物，事件版块图书主要论说党领导广东人民开展革命斗争的历史事件，地区版块图书从地市和历史专题角度梳理广东地域红色文化，教育版块图书着力打造面向青少年及党员的红色主题教材。丛书以相关的文物、文献、档案、史料为依据，对近些年来广东红色文化资源研究成果做了一次全面系统梳理，我们希望这套丛书能为党史学习教育、革命传统教育、爱国主义教育提供重要内容支撑。

一切向前走，都不能忘记走过的路，走得再远、走到再光辉的未来，也不能忘记走过的过去，不能忘记为什么出发。站在"两个一百年"的历史交汇点上，我们要更加坚定自觉地学史明理、学史增信、学史崇德、学史力行，赓续红色血脉，传承红色基因，以一往无前的奋斗姿态、风雨无阻的精神状态，推动广东在全面建设社会主义现代化国家新征程中走在全国前列、创造新的辉煌。

《红色广东丛书》编委会

2021年6月

# 目录
CONTENTS

导 言

以马克思主义武装起来的中国共产党，是中国工人阶级的先锋队，也是中国人民和中华民族的先锋队，代表中国先进生产力的发展要求，代表中国先进文化的前进方向，代表中国最广大人民的根本利益。中国共产党党员是中国工人阶级有共产主义觉悟的先锋战士，坚持全心全意为人民服务的根本宗旨，为实现共产主义奋斗终身。因此党甫一成立，就领导工人罢工和农民运动，并把团结和依靠占中国人口绝大多数的工农群众当作革命事业不断前进的力量源泉。作为中国共产党标志的党徽，就是镰刀和锤头组成的图案，它象征着工农联盟。工农联盟是最基本的联盟，是统一战线的基础，也是人民民主专政的基础，是中国革命和建设取得胜利的重要保证。

广东是中国近代革命的策源地，有着光荣的革命传统和较好的群众基础。广东共产党组织成立后，迅速以崭新的姿态出现在革命舞台上，既大力开展工人运动，又点燃了农民运动的星星之火，工农运动的气氛十分浓烈。1922年年初的香港海员大罢工，是中国共产党成立后出现的第一个工人运动高潮的起点。这年5月召开的第一次全国"劳大"，更是有力地推动了全国工农运动的开展。

1923年6月，中国共产党第三次全国代表大会在广州召开，着重解决了与孙中山领导的国民党合作、建立革命统一战线的问题。1924年1月召开的国民党一大，重新解释了"三民主义"，确立了"联俄、联共、扶助农工"三大基本政策，标志着第一次国共合作正式形成。从此，广东成为大革命的策源地和北伐战争的出发地和后方基地。中共广东区委积极贯彻国共合作的方针，放手发展工农运动，迅速开拓了国民革命的新局面。

风起粤海，潮涌珠江。在国共合作的推动下，国民革命风起云涌。广东人民勇立大革命潮头，建立了不朽功勋。工人运动、农民运动、学生运动和妇女运动，如狂飙，似巨澜，席卷南粤大地。彭湃领导的海陆丰农民运动，势如野火春风，迅速波及全省。广东的农民运动，成为全国农民运动的先导。

与此同时，工人运动也迅速发展。1924年7月，广东党组织领导的沙面罢工，打破了自1923年京汉铁路"二七"惨案以来中国工人运动沉寂的局面，成为工人运动复兴的起点。1925年6月爆发的省港大罢工，更是将工人运动推向高潮。这次罢工，其规模之大、参与人数之多、声势之壮、历时之长，在中国工人运动史上都是空前的，在世界工人运动史上也是罕见的。中共广东区委和广东的工人阶级为这次罢工的胜利做出了卓越贡献。

在工农运动浪潮的推动下，广东的青年学生、妇女运动也如火如荼地开展起来。大革命期间，中共广东区委引导青年学生积极投身工农运动，将学生运动与工农运动结合起来。许多青年积极参加农民运动讲习所的学习，毕业后被委任为农运特派员，分赴各地开展农民运动。每当全国各地工人发动罢工斗争时，广东的学生都积极配合，或通电声援，或采取罢课等实际行动进行支持。同时，广东的妇女运动也开展得有声有色。在蔡畅、邓颖超、高恬波等一批优秀妇女干部的领导下，1925年5月成立了广东妇女解放协会。随后，又在全省各地成立"妇协"分会，有组织地动员广大妇女冲破阻力、投身国民革命、为谋求妇女自身解放而积极奋斗。

1926年7月，广州国民政府誓师北伐。北伐期间，中共广东区委积极组织工农群众支援北伐军，有力地推动了北伐的胜利进军。

但是，随着国民政府的北迁，留守广东的国民党右派、反动军官和地主民团等互相勾结，携起手来压迫工农运动。广东的工人、农民和城市平民的反抗斗争，都遭到镇压。这期间，国民党广东当局公开发出布告，以"保障北伐后方公共生活安全"为名，对工人运动作了诸多限制。在农村，国民党右派唆使各地反动地主豪绅和民团大举进攻农会，农民如有反抗，就被诬为"扰乱北伐后方"。各地政府对反动民团摧残农会、残杀农民的事件也熟视无睹、不闻不问，有的甚至还撕掉面具、抛去伪装，公开直接参与镇压农会的行动。

1927年4月12日，蒋介石在上海发动四一二反革命政变，大批共产党人和革命群众惨遭屠杀。紧接着，国民党广东当局亦步其后尘，于4月15日在广州发动了四一五反革命政变，大肆捕杀共产党员。至此，轰轰烈烈的大革命，在广东遭到失败。

# 一 彭湃与海陆丰农民运动

　　广东是中国共产党领导农民运动、建立农村红色政权最早的地区之一。广东最早的农民运动，在海陆丰（地域范围主要指海丰县、陆丰县等）。广东建立的第一个农村红色政权，同样也在海陆丰。而海陆丰的红色政权与农民运动，和一个人的名字紧密联系在一起，这个人就是彭湃。彭湃是广东最早发动农民、组织农会、开展农民运动的先驱和领袖，是"农民运动大王"。这位从朱门里杀出的白面书生，带领着一帮活不下去的穷哥们，率先揭起了农会犁头旗。自此之后，农潮蜂起海陆丰，并很快波及广东全省。

## （一）出身富裕，渴求真理

　　彭湃，原名彭汉育，1896年10月出生于海丰县一个工商地主家庭。他从小生活富裕，衣食无忧。他家在海丰称得上是数一数二的有钱人家，据说有着"乌鸦飞不过的田产"。他也曾这样描述自己的家庭：我的家庭，在海丰县可以算作个大地主，每年收

彭湃

约千石租，统辖的农民男女老幼不下 500 人。

彭湃小的时候就非常聪明，他的母亲周凤回忆："湃少聪颖，超群儿，7 岁能背诵古文，一无遗字，善楷工书。"祖父彭藩说："此儿是我家的千里驹，需善教养，但我家以后的兴旺，完全和天泉（彭湃乳名）一人大有关系。"他对彭湃的出类拔萃欢喜中又有些担忧。虽然身为富家子弟，彭湃却从小就没有阔少爷的架子，他宅心仁厚，喜欢跟穷人的孩子一起玩。诚然，这跟他母亲的言传身教有着密切的关系。彭湃的母亲周凤是一位出身贫苦、勤劳善良的妇女，虽然嫁到彭家之后条件好了不少，但依然保持着俭朴、谦和的秉性。毫无疑问，这些都对彭湃的道德和行为产生了深远的影响。

## 周 凤

彭湃母亲周凤（1872—1973 年）。周凤出身于海丰县一户农家，5 岁时因家境贫困被卖到大户黄可同家，17 岁嫁到彭家，育有三子两女。1956 年，她出席中华人民共和国全国烈属军属代表大会，被誉为"革命母亲"，受到毛泽东、周恩来、刘少奇等国家领导人的接见。

因此，尽管出身富裕，但他却是一个封建地主阶级家庭的叛逆者。与富豪家庭的纨绔子弟不同，彭湃很同情穷苦人，且乐善好施。他的家乡海丰县与陆丰县毗邻，人们常常合称两县为"海陆丰"。然而，当时的实际情况却正好相反，陆丰不丰，海丰也不丰。贫苦农民一年到头辛勤劳作，劳动果实却大部分被地主豪绅盘剥，自己所剩无几。加上兵匪为患，民众深受其害。真是民不聊生，苦不堪言。很多人沦为乞丐，卖儿卖女现象也十分常见。这些活生生的社会现实，彭湃看在眼里，记在心里。于是，他对当时社会上贪官污吏、土豪劣绅欺压百姓的行为十分痛恨。母亲回忆："湃赋性刚强，不与人同，时常说起土霸劣绅贪官污吏的故事，便大声痛骂，甚至在县里的贵族门口，连经过也不喜欢的。"而对于贫苦农民，他则充满了同情。有一次正值酷暑七月，一大群佃户挑着沉甸甸的谷子到彭家交租，农民们汗流浃背、又饥又渴。站在一旁的彭湃看到一个佃户想讨碗生水喝，于是不顾父亲的大声斥责，亲自倒了一碗热茶给佃户送上前去。这种自幼就养成的百姓情怀，促使他后来毅然投身农民运动，且终生奔波在为农民谋幸福的道路上。

彭湃还非常支持妇女解放。由于中国经历了几千年的封建社会，封建伦理道德观念对老百姓影响很深。海丰也不例外，重男轻女的现象十分严重。彭湃对这种歧视女性的封建礼教非常反对。他对家里的妹妹非常照顾，常常利用课余时间教她们读书写字。十七岁那年，彭湃在父母主持下与十六岁的蔡素屏结婚。虽然彭湃很反对这种包办婚姻，但他并没有明确抵制。婚后，小夫妻俩十分恩爱。彭湃经常教夫人识字，给她讲解妇女如何争取解放，并鼓励她主动冲破封建的枷锁。在彭湃的影响下，蔡素屏改变自己原来的高髻发型，扔掉缠足的绷布和小鞋，提着书包上私塾读书。最终，蔡素屏从一个不识字的传统妇女，成长为一名坚强的革命战士。

## 蔡素屏

蔡素屏（1897—1928年）。1927年，蔡素屏加入中国共产党，任海丰县妇女解放协会主任。1928年6月因叛徒出卖而被捕。面对各种酷刑，她毫无惧色，临刑前还向周围群众高呼"农会万岁"！

彭湃亲身经历和见证了旧社会的黑暗与种种不公，又深

受当时新文化与新思想的影响，他立志改革不合理的社会，推翻不合理的制度。1917年夏，21岁的彭湃告别亲人和祖国，东渡日本求学，寻找救国救民的真理。第二年，他考入了著名的早稻田大学政治经济科。他选择这个专业，一是为将来就业打算，这也是祖父的心愿。另一方面则更是不负自己的初心，他曾说："我选定此类专业，为的是将来研究我国的政治经济，与同道者一起，竭尽全力，秉志改革，方不负远涉重洋，到此求学之初愿。"

在留学期间，彭湃不仅学到了知识，而且拓宽了眼界，也增进了对日本的了解。在日本，中国人很受歧视，被讥讽为"支那马鹿"（意为愚蠢的中国人）。他还耳闻目睹了日本侵占中国权益的许多事情。尤其是第一次世界大战结束后，巴黎和会上中国外交的失败，更让他深刻体会到"弱国无外交"的痛楚，爱国情感油然而生，救国救民的心情也愈加迫切。正是在这期间，彭湃接受了马克思主义。在理论的熏陶和实践的指引下，他逐渐由一个激进的民主主义者转变为具有初步共产主义思想的先进知识分子。也是在日本，他将自己的名字从原来的彭汉育改为彭湃，希望自己能够像大海一样汹涌澎湃，荡涤旧社会的污泥浊水。

## （二）火烧地契，彻底革命

1921年初夏，彭湃挂念病重的祖母，毕业考试一结束便启程回国，结束了四年之久的留日生涯。他的家人本来希望他读书做大官，既继承家业，又光宗耀祖。确实，像彭湃这样家境殷实又喝过洋墨水的高材生，想捞个一官半职并不是十分困难的事情。10月1日，他刚回海丰不久，就接到军阀陈炯明的邀请，要他担任县劝学所长（后改为教育局长）。但任职不久，由于看清了军阀自私自利、欺压百姓的真实面目，他便毅然辞去官职，下决心到农村去带领农民做实际运动。辞职后的彭湃还在《赤心周刊》上发表了一首豪气干云的小诗——《我》：这是帝王乡，谁敢高唱革命歌？哦！就是我！

恐怕让家人都没有想到的是，从日本早稻田大学毕业归来的彭湃，不但不愿做官，而且挣脱了家规祖戒的束缚，背叛其封建家庭的意愿，焚烧自家的田契账册，带头闹起了革命。

彭湃故居

　　最开始的时候，彭湃头戴白通帽、身着白色学生洋服、脚踏皮鞋，到赤山约一个村子去进行宣传活动。村口，一个农民正在堆粪，见到彭湃就问：先生来收捐么？再走，见到第二个农民，又这样问他：官差有何差遣呀？他悻悻地来到下一个村，可是村民们远远见到他，都以为是下乡勒索苛捐杂税的官儿，对他敬而远之，纷纷躲避。他连一个人都没见着，只有一条狗对着他狂吠。他奔走了一整天，却没有人敢来与他攀谈。回到家打开日记本记录一天的成绩，只是一个大大的零字。第二天，又是一个零……

　　几番碰壁之后，彭湃冥思苦想，终于找到了村民不愿意与他接近的原因：自己对农民讲话过于文雅，穿着打扮也与农民不一样。于是，他脱下学生装，身着破旧的粗布衣裳、头戴竹笠、赤着双脚，出门去了。在龙山庙前，彭湃终于与来往的农民攀谈成功。他和大家谈年景、拉家常，广交朋友，向农民宣传革命道理。这样，村民们才慢慢地敢与他接近，并愿意与他交谈。于是他趁热打铁，把聊天变成了演讲，听众逐渐有三四十人之多。

　　慢慢找到了门道，彭湃的灵感也进一步涌现出来，他想了很多办法来吸引群众。他有时开着留声机，放几段音乐、播几段潮剧；有时拉弦、弹琴，唱白字戏或西秦曲；有时还表演几套变幻莫测的魔术。当乡亲们围拢一起时，彭湃就乘兴演说，给他们讲解"穷人为什么穷，地主为什么富"的道理。

在向村民宣传的过程中，彭湃还自编了一些歌谣，教给乡村放牛的牧童唱。有首歌谣曰：冬呀冬！田仔（农民）骂田公（地主）。田公着厝（在家里）食白米，田仔耕田耕到死！田是公家个（的），他无份，你无份；有好做，有好食；你有做，反无食！不是命不好，是你不去想清楚。这首歌谣揭露了地主压榨农民的残酷事实，地主不耕而食，不劳而获，有豪宅住，有白米吃；而农民长年累月辛苦劳作，却受尽剥削，忍饥挨饿。这不合理的社会，必须彻底推翻！

还有一首歌谣是这样唱的：山歌一唱闹嚷嚷，农民兄弟真凄凉！早晨食碗番薯粥，夜晚食碗番薯汤。半饥半饱饿断肠，住间厝仔无有梁。搭起两间草寮屋，七穿八漏透月光！这些歌谣朗朗上口，简单明了，通俗易懂。其字里行间，透出了农民生活的悲惨与凄凉！小牧童唱着歌谣，那可是一字一泪的控诉！歌声，像一股汹涌的激流，冲击着农民们的心，使他们埋藏在心底的冤屈和仇恨，化作反抗的怒火迸发出来！

彭湃用自己独特的行动，甚至杂耍、魔术、唱片、方言歌谣齐齐上阵，获得了村民的了解和信任。农民们从彭湃那酣畅淋漓的演讲中，从传唱他编写的通俗浅白的歌谣中，既感受到了生活的乐趣，也领悟到了许多革命道理。革命的实践，也"回馈"和磨炼着彭湃。连日的奔波操劳让他日渐消瘦，风吹日晒让他白皙的皮肤变得黝黑，甚至头发长长了也没有时间去理。过去那个风度翩翩的留日学生，变成了一位精干瘦削的农民青年。

1922年7月29日，是中国农民运动史上一个值得纪念的日子。这天晚上，彭湃在海丰自己的住处得趣书室与村里志同道合的张妈安、林沛、林焕、李老四、李思贤等五位农民秘密成立了"六人农会"，一点星火终于燃烧成一簇火把。当晚，彭湃在日记本上也不用再画零，而是写下了这样一行字："成功快到了"。但是，"六人农会"成立后，几位兄长却决定分家，因为他们担心将来被彭湃连累。为了显示革命决心，彭湃当众在"得趣书室"前焚烧了自己及母亲名下的田契，涉及田产达670多石。他对佃户说："以后自耕自食，不必再交租谷。"这一亘古未有的举动充分表现出他与封建剥削制度彻底决裂的意志，虽然引起兄长们的谩骂与憎恨，但却赢得了乡亲们的信任和拥戴。

得趣书室

得趣书室是彭湃自家书室，他在此写过一些旧体诗。其中有两首七绝，气势豪迈。

其一曰：磊落奇才唱大风，龙津水浅借潜龙。愿消天下苍生苦，尽入尧天舜日中。

其二曰：雄才怒展傲中华，天下功名未足夸。蔓草他年收拾净，江山栽遍自由花。

经过深入宣传发动，农会组织不断扩大，10月25日又成立了赤山约农会。彭湃点燃的农民运动星星之火，在海丰县境内猛烈地燃烧起来。随着农会的不断增加，成立县总农会的条件也成熟了。1923年1月1日，各乡农民代表60多人齐聚龙山妈宫，海丰县总农会宣告成立。由彭湃任会长，会员多达 2 万户，约有10万人，占全县总人口的四分之一。在彭湃的带领下，海丰成为全国农民运动最先兴起的地区之一，建立了中华大地上第一个县级农民协会组织。因此，海丰被誉为"小莫斯科"。毛泽东对海丰农民运动也给予充分肯定，他曾在《湖南农民运动考察报告》中指出，"县政治必须农民起来才能澄清，广东的海丰已经有了证明"。

海丰总农会成立以后，为了保护农民利益，遂团结全县农民向延续几千年的封建剥削制度展开了斗争。包括要求减租、将农产品集市的权力收归农会、创办农校让农民子弟免费入学、扩大农民医药房免费为会员诊病、成立仲裁部调解纠纷为农民主持公道等，这些措施深得民心，受到当地百姓的热情拥护。

海丰县农民协会旧址

4月，彭湃又到陆丰县宣传和发动农民，筹备成立了陆丰县总农会，会员有3万余人。此后，彭湃又率农会骨干四出奔走，广泛发动、号召周邻各县的农民乡亲组织起来建立农民协会，与地主豪绅进行斗争。不久，在海陆丰农民运动的影响下，惠阳、紫金、惠来、五华、普宁等县的农民都纷纷组织起来，先后打出了"农民协会"鲜亮的招牌。

从此，彭湃的名字，与中国的农民运动紧密地联系在一起，成为全国农民运动的光辉旗帜。瞿秋白曾说："彭湃同志是中国农民运动第一个战士。"周恩来说："谁不知广东有个彭湃？谁不知彭湃是中国农民运动的领袖？"毛泽东也盛赞彭湃是"农民运动的大王"。就这样，广东农民运动从海丰、陆丰发源，迅速向全省各地扩展。其声势浩大，迅猛异常，像化雨的春风，似燎原的烈火。农民协会的犁头旗，迅速映红了南粤的山山水水……

## （三）农运浪潮，席卷南粤

农会组织的迅速扩大，引起反动势力的极度恐慌。他们视农会组织为眼中钉、肉中刺，于是想方设法制造事端，必欲除之而后快。1923年夏，海丰县连遭风灾水患，农作物90%歉收。农民们深受其害，只好要求田主减租。8月5日，海丰县农会在会长彭湃的主持下，于海城召开农民代表大会，讨论受灾农田的交租问题。会议议决："以三成交租为标准，如收成不及三成者，照数递减；全无收成的，则免交。"但是，豪绅地主闻讯后都表示反对，坚持依照旧例十足缴租，"只准欠，不肯减"，并急忙派人下乡催租。在这种情况下，海丰县农会再次召开全县农民大会，到会农民多达2万余人。大会重申了"至多三成交租"的观点。8月16日（农历七月初五），海丰县长王作新以"农民抗租"为名，派军警300多人包围会场，抓捕农会会员20余人。并封闭农会会所，解散农会，还四处张贴布告，通缉彭湃……这就是海丰农民运动史上著名的"七五农潮"！

在农民运动被扼杀的紧急关头，彭湃一面积极组织海陆丰农民准备武装斗争，一面长途跋涉找当时统治东江地区的陈炯明进行说理斗争。同时，争取惠、潮、梅三地农会的声援，迫使县长王作新释放被捕的农会干部。正是彭湃等人的坚持和努力，"七五农潮"后海丰农会虽然被强行解散，但实际上仍然存在。全县农民的斗争情绪经过短暂的沉寂后，又迅速高涨起来。在彭湃的领导下，酝酿着新的更大的斗争。海陆丰农民运动，势如野火春风，迅速波及全省各地。

1924年4月，正值国共第一次携手合作的时候，彭湃来到广州，并加入了中国共产党。由于有丰富的农民运动经验，他就任国民党中央农民部秘书一职。为了培养更多的农民运动骨干，扩大农民运动在全国的影响，农民部在广州先后举办了六届"农民运动讲习所"。彭湃担任第一届和第五届的主任，他经常给学员讲课，将海陆丰农民运动的经验推广到全国，有力地推动了各地农民运动的发展。后来主办第六届农民运动讲习所的毛泽东，曾高度评价海丰农民运动的经验："全中国各地都必须办到海丰这个样子，才可以算得革命的胜利，不然任便怎么样都算不得。"

1927 年的八一南昌起义，打响了武装反抗国民党的第一枪。根据当时斗争形势和力量对比，起义军决定从南昌撤退，向南进入广东以便建立根据地。10 月底，中共广东东江特委利用当时粤系军阀内部矛盾激化的有利时机，在南昌起义余部的配合下，领导海陆丰农民进行武装起义，并一举夺得政权。此时，彭湃从香港回到海陆丰，于 11 月 13 日和 18 日先后在陆丰和海丰主持召开工农兵代表大会，宣告成立陆丰和海丰苏维埃政府。海丰大会召开当天，整个海城装扮一新。马路被打扫得干干净净，街上红旗招展。会场所在的海丰学宫被刷成了红色，到处挂满了红布花结，放眼望去，仿佛进入了一片红色的海洋。从此，这里有了一个新的名字——红宫。下午，彭湃在大会上作了振奋人心的报告。他用生动形象的语言，分析了当时国内外形势，并说明新生政权的性质与任务，给大家带来了巨大的鼓舞。从此，中国较早的农村红色政权在海陆丰光荣诞生。

红色政权成立以后，做的最重要的一件事就是进行土地改革、分配给农民土地。在新生政权领导下，两地的土改如火如荼地开展起来。根据海陆丰两县县委的报告，到1928年2月，海丰大部分土地分配完毕，陆丰分配的土地也占到全县土地总数的40%。此外，苏维埃政府还广泛开展社会变革，建设民生工程，包括实行8小时工作制、男女同工同酬、设立军人学校、实行军队经济公开、解放妇女、创办各类学校与培训班、实行少儿免费入学、兴建医院等。

海陆丰政权的建立与扩张，自然引起敌人的注意和重视。1928年2月26日，国民党十一师副师长余汉谋率军3000多人进入海陆丰。此时，留在海陆丰根据地的红军只有400余人。在兵力对比如此悬殊的情况下，显然无法与敌人抗衡。最终，海丰、陆丰两县都被敌人攻占。新生的海陆丰政权仅存在三个多月，又重新笼罩在阴影之中。此前逃亡到外地的地主豪绅纷纷返回，联合余汉谋的部队进行报复。很多革命群众被残忍杀害，仅海丰就有6000多人。彭湃带领部队且战且退，最终深入大南山建立根据地，继续与敌人对抗周旋。

红宫旧址

红场旧址

此时的彭湃，身处险绝之地，但仍保持乐观的情绪。一次他主持召开中共东江特委会议，这时连吃的东西都没有，只有一桶山多尼（当地一种野果）。彭湃笑着对大家说："没有什么招待诸位，今日随便办个'多尼'宴吧！"怕大家难以下咽，他还解释这种山野果的价值："这种山多尼，味道挺好，简直是一种山珍。"大家也打趣说，既然是难得的山珍宴，何不吟诗一首呢？！彭湃便即席作山歌一首：山多尼，红又甜，革命战士最喜欢。今日尝遍荒山果，明朝迎来幸福天。

1928年6月，中共六大在莫斯科召开，彭湃当选为中央委员。11月，又当选中央政治局委员。彭湃不得不跟大南山的父老乡亲依依作别，按照中央指示来到上海工作。他担任中央农委书记，后又兼任江苏省委常委，满怀热情地投入到新的工作中去。

可惜的是，1929年8月，由于叛徒的出卖，彭湃被国民党逮捕。敌人对彭湃施以酷刑，使他"晕去九次之多，弄得手足俱折、身无完肤"。但他信念坚定，大义凛然，表现了一个共产党员的铮铮铁骨。当得知自己将要被处死的时候，彭湃和杨殷等联名给党中央写了信，汇报他们在狱中斗争的情况。他们还致信周恩来，嘱咐同志们不要因为他们的牺牲而悲痛。

冠生（周恩来的代号）暨家中老小（即党内有关同志）：

我等此次被白（指叛徒白鑫）害，已是无法挽救。张、梦、孟（张即张际春，梦即杨殷，孟即彭湃）都公开承认，

1929年8月30日，彭湃、杨殷就义前写给党中央的报告（部分）和周恩来的信

并尽力扩大宣传。他们底下的丘（指国民党士兵）及同狱的人大表同情。尤是丘等听我们话之后，竟大叹气而捶胸者。我们在此精神很好，兄弟们不要因为弟等牺牲而伤心。望保重身体为要！

临刑前，面对伤心的难友同志，彭湃在牢房的墙壁上画了一条飞翔的龙，乐观地对难友说："我快要上天了！"他又将身上的衣服脱下来赠送给难友，并慷慨激昂地向难友和押送的士兵做了最后的演说，然后从容就义，年仅33岁。

彭湃的一生是短暂的，又是光辉的。他出身富裕，却立志"愿消天下苍生苦"；他焚烧了自己的地契，从革自己的命开始革命生涯；他放弃了富裕的生活，终其一生为解放农民而呕心沥血；他用自己的满腔热忱，化作如同他名字一般

的澎湃浪潮，荡涤着旧社会的污泥浊水，举起了中国农村红色政权的大旗；他坚定理想信念，为理想而生，最后也为理想而欣然离去。"蔓草他年收拾净，江山栽遍自由花。"他毕生所从事的农民运动和追求的农民解放事业，这时，已经进入土地革命战争的新时期。

# 二 广州举办六届农讲所

广州农民运动讲习所（简称"农讲所"），是第一次国共合作时期创办的培训农民运动干部的学校。它在共产党人的倡议和主持下，从1924年7月至1926年9月，一共举办了六届，培养了近800名农运骨干。这些农运骨干经过农讲所的培训之后，回到原籍从事农运工作。他们犹如从革命熔炉中迸发出的红色火种，播撒在广东乃至全国各地，燃烧起农民运动的燎原大火。

## （一）举办农讲所，革命传星火

自从1923年海陆丰"七五农潮"失败后，广东农民运动归于短暂的沉寂。1924年1月中国国民党第一次全国代表大会召开，标志着第一次国共合作的成功实现和革命统一战线的正式形成。经过改组后的国民党，对农民运动采取"以全力助其发展"的方针。孙中山大元帅大本营先后两次发布关于农民运动的"宣言"，表示要维护农民利益，扶助农民运动，引导农民加入国民革命。国民党中央执行委员会成立了由共产党员林祖涵任部长、彭湃任秘书的农民部。随后，又成立了由谭平山、廖仲恺、戴季陶为委员的农民运动委员会。在农民部和农民运动委员会的推动下，国民党中央执行委员会初步确定了农民运动计划，决定组织农民协会和农民自卫军。7月，农民部颁布《农民协会章程》。这年8月，中共广州地委正式建立了以阮啸仙为书记的农民运动委员会（又称"粤区农委"）。两党合则双赢，农讲所的成功举办，就是国共统一战线之树上开出的芬芳花朵。

作为大革命策源地的广东，农民运动有着较好的基础和广泛的影响。在国共合作的推动下，广东农民运动很快复苏，并蓬勃发展，势如摧枯拉朽，迅猛异常。全省各地农民协会，犹如雨后春笋般建立起来。为适应农会的普遍建立和农民运动的迅猛发展，急需培养和造就大批农民运动的干部。为此，彭湃根据中共中央关于农民问题决议的精神，向国民党中央执行委员会提出"设立农民运动讲习所"的建议。这一建议，得到孙中山、廖仲恺的赞同和支持。

1924年7月3日，第一届农民运动讲习所在广州市越秀南路惠州会馆开学，由彭

彭湃，第一、五届农讲所主任

湃担任主任，彭湃、谭平山、阮啸仙、罗绮园、鲍罗廷等任教员。共录取学员38名（女生两名），其中共产党员和社会主义青年团员20人。来自广东各地的农运骨干，带着求知的欲望，走进了农讲所这特殊的课堂。他们学习革命理论，研究农民运动的各种问题。8月21日，第一届农讲所学员毕业，历时一个多月。在毕业典礼上，孙中山作了《耕者有其田》的演说，鼓励学员深入农村、发动农民、组织农民，积极开展农民运动。学员们毕业后即被分派往全省各县开展农民运动。

由于第一届毕业学员仅三十三人，而当时广东有九十四个县，平均每县还不到一人。这和日益发展的农民运动，不相适应。因此，"为大规划之农民运动计，乃赓续举办第二届农民运动讲习所"，并扩充招生名额，延长学习期限。第二届农讲所于1924年8月21日（第一届毕业当天）开学，主任罗绮园，教员有罗绮园、彭湃、谭平山、阮啸仙等。招收学员225名（女生13名），"所招的学

第一、二届农讲所旧址

生多半是由本党同志在各县介绍来的，故此工人、农民占有半数"。开学不久，由于广州发生了商团叛乱事件，便将原计划学习两个半月的时间压缩一个星期提前至10月30日毕业，毕业学员142名。

第一、二届农讲所都只招收广东籍学员，从第三届开始可以招收外省学生，所址迁往东皋大道1号（现东皋大道礼兴街6号）。这届于1925年1月1日开学，4月1日毕业。主任阮啸仙，教员除阮啸仙外，还有彭湃、谭植棠、唐澍、鲍罗廷、马马也夫、加伦等。招收学生128名，其中广西籍学生2名，四川1名，毕业114名。这一届学生毕业时，国民革命军已经胜利地进行了第一次东征，沉重地打击了盘踞东江多年的军阀陈炯明，东江一带原受压制的农民运动由此得到恢复和发展。

为适应革命形势的迅猛发展，迫切需要向农村输送更多的干部。为此，第四届农讲所继续举办。这一届从1925年5月1日开学，至9月1日毕业。主任为谭植棠，招收学生98名，毕业76名。开学不久，发生了驻守广州的滇桂军阀杨希闵、刘震寰的叛乱事件，农讲所地址被强占。于是，所务会议决定将学生暂时送回原籍。平定杨刘叛乱后，各地学生于7月1日返所上课。由于偏远的学生交通不便，一时难以返

第三、四、五届农讲所旧址

校，所以又增收了25名旁听生。

以上四届农讲所招收的学员，"皆取材于纯粹农民子弟，系为养成冲锋陷阵之战斗员，现在此项人材，在年来每个争斗中，已足表见其奋斗苦战之特具精神，可以勉强敷用，且已筑起农民协会之基础。此后尤宜注意者，就是上马杀贼有人，下马作露布者仍难其选，且亦势难兼顾"。为此，农民部决议续办第五届农讲所。"并定考取中学毕业之学生"，注意吸收知识分子参加农民运动，招收范围也扩大至广东、广西、湖南、湖北、江西、福建、安徽、山东等八省。

第五届农讲所于1925年9月14日开学，12月8日毕业。

主任再次为彭湃，教员有彭湃、毛泽东、罗绮园、阮啸仙、谭平山、鲍罗廷、马马也夫等。招收学生114名，分为甲、乙两班，甲班六十四名，乙班五十名。外省籍的学生达七十名，占到六成以上。其中湖南籍最多，有毛泽民、蔡协民等四十三人。第五届的全部学生，均获得毕业，这在几届农讲所中是仅有的。

广州农民运动讲习所是一座革命的熔炉，是一所新型的、独具特色的"大学"。它虽然没有正规学制，受训时间也不固定，长则4个月，短则不到2个月，但学员们却学到了许多在正规学校里学不到的知识。农讲所挂的是国民党招牌，但实际上由共产党人主持。各届农讲所的主任均为共产党员，他们是农讲所的负责人和决策者。教员也多数是共产党人，毛泽东、周恩来、谭平山、陈延年、张太雷、萧楚女、恽代英、邓中夏、林伯渠、赵自选、张秋人和苏联顾问鲍罗廷、加伦、马马也夫等均到农讲所讲过课。农讲所的宗旨是为"养成农民运动之指导人才"、使之成为"农民运动之推动机"而设，因此它以研究中国农民问题为中心，教学内容包括革命理论和基础知识、农民运动的理论和实施方法、严格的军事训练以及社会活动和农村实习等，主要课程有《海陆丰农民运动》《广东农民运动状况》《中国国民党史》《社会问题与社会主义》。同时，农讲所专门设置军事训练部，结合开展武装斗争的需要，在教学中注重对学员进行必要的军事教育与训练。大批共产党人给学员讲课，对提高学员的政治思想觉悟起了很大作用。在这所"特殊的学校"里，学员们接受了国民革命和阶级斗争的理论，学习了发动农民、组织农民以及开展农运工作的经验和方法，从而坚定了投身农民运动、为农民的翻身解放而奋斗的信念。

为了实现办学宗旨，各届农讲所大胆破除旧的教学方法和传统观念，倡导理论联系实际的学风。尤其注重社会调查，引导学员"走出去"参加社会实践，让学员在实践中经受锻炼、增长才干、提高觉悟。第一届规定学员"凡是星期日须有农村运动实习"，并组织学员到农民运动开展得好的海丰等地考察；第二届学员曾被编为农民自卫军，协助政府镇压商团叛乱；第三届将学员组织起来进行各种调查活动；第四届农讲所刚开学，就让学员列席广东省第一次农民代表大会；第五届则组织学员赴韶关地区实习。学员们在课堂中学习革命理论和军事知识之后，又参加了社会实践活动、经受实际锻炼，不仅政治思想更加成熟，而且实际工作能力也有了明显的提高。

## （二）所长毛泽东，农运立新功

第六届农讲所是在国民革命军举行北伐前夕，为了"适应北伐战争的发展，培养各地农运干部"而举办的。1926年初，国民党中央农民部《通告第二号》提出："为发展全国农民运动起见，特扩充广州农民运动讲习所，从各省选派学生来所肄业。"这一届在广州番禺学宫开学，由毛泽东主持，改主任为所长；萧楚女为教务主任，负责教务部工作。时间从1926年5月3日起至9月11日止，历时四月有余，是六届农讲所中最长的一届；且因为这一届面向全国招生，"应全国农运之要求，集二十省区之学生于广州而训练之"，故又是历届农讲所中规模最大（招收来自全国20个省区的327名学生）、社会影响最大的一届。

那个时候，从西北高原到东海之滨，从内蒙古草原到红水河畔，来自全国20个省区的农运骨干会聚广州，走进农讲所这神圣的殿堂，在那军阀

第六届农讲所旧址

割据、交通不畅的年月里，翻山越岭、千里跋涉，是何等艰辛！但关山重重挡不住他们寻求真理的欲望，路途遥远拦不住他们投奔革命的决心。共同的革命理想和信念，让这些来自五湖四海的学员走到了一起，开启人生的新里程！

前五届农讲所的成功举办，打下了良好的基础。这一届很好地继承了往届的办学经验，在办学规模、招生范围、教学内容和教学方法等方面又有新的发展。

第一，理论讲授。这届农讲所共有23名主要教员，共产党员16名，包括毛泽东、周恩来、恽代英、彭湃、张太雷、萧楚女、李立三、于树德、周其鉴、罗绮园等。理论研究以中国农民问题和学习马列主义、新三民主义为主，"尤其注

番禺学宫

重农民运动之理论及方法"。其学习的内容比较广泛，总共开设25门课程。所长毛泽东除了讲授《中国农民问题》《农村教育》和《地理》三门课程外，还首次讲授《中国社会各阶级的分析》这篇光辉著作的内容，详细分析了农民在中国革命中的地位与作用。周恩来则讲授《军事运动与农民运动》，阐述军事运动与农民运动之间的关系，指出开展农民运动必须同军事运动紧密结合起来。此外，彭湃讲授《海丰及东江农民运动状况》，萧楚女讲授《帝国主义》《中国民族革命运动史》《社会问题与社会主义》，恽代英讲授《中国史概要》，阮啸仙讲授《广东农民运动状况》，李立三讲授《中国职工运动》，彭述之讲授《中国政治状况》，张秋人讲授《各国革命史》，周其鉴讲授《广宁高要曲江农民运动状况》，安体诚讲授《统计学》，于树德讲授《农村合作概况》，陈启修讲授《苏俄状况》《经济学常识》《中国财政经济状况》，等等。这些课程涉及面广，使学员对革命理论、农民运动、社会政治与经济以及中外历史等都有较全面深入的理解。课余时间还组织学员阅读《共产党宣言》《工钱劳动与资本》等马列著作。除所内的教员外，还有许多共产党员和社会名流（如瞿秋白、林伯渠、陈延年、谭平山、熊锐、黄平、邓中夏、高语罕、张伯简、阮啸仙、谭植棠、

毛泽东在农讲所给学员讲课（油画）

吴玉章、郭沫若、何香凝等）也曾应邀到农讲所作报告或演讲，以进一步拓宽学员们的知识面。

第二，理论联系实际。为了使学员加深对理论的理解，除了授课之外，农讲所还组织学员进行专题讨论和研究，包括《列宁与农民》《资本制度浅况》《俄国农民与革命》《土地与农民》《社会革命与农民运动》《中国农民问题研究》等课题。且"因学生来自各省，又即须回到各省从事工作，对于各省实际的农民问题极须研究"，农讲所于是把全体学员按地区组成13个"农民问题研究会"，在各省研究会内引导学员研究实际问题。教务部列出了如租率、田赋、抗粮情形、地主来源、农协组织、妇女地位等36个问题，供学员调查研究。同时，还经常印发一些调查表，要学员把家乡的情况按项目如实填写。通过调查，引导学员研究实际问题，提高理论水平和分析解决问题的能力。此外，还编印一套《农民问题丛刊》，由毛泽东撰写《国民革命与农民运动》的序言。该刊物登载国内外关于农民问题的重要文献、农讲所教员关于农民问题和农民运动的专题研究报告、农讲所学员关于农民问题的调查研究材料等，供学员学习参考。在理论训练的基础上，农讲所坚持理论与社会实践相结合，组织学员到韶州和海丰等地实习，使学员"亲入革命的农民群众中，考察其组织，而目击其生活"。这种方式"影响学生做农民运动之决心极大"。

第三，严格的军事训练。除了课堂授课，学习政治理论外，军事训练也是农讲所的重要课程之一。农讲所设立军事训练部，专门负责军事训练工作，对学员进行军事化管理。实行严格的军事训练的目的，主要是"为养成有组织有纪律之农民运动干员，同时为武装农民之准备"。全体学员编为一个总队，两个中队，每个中队分六个区队，区队下设班，共产党员赵自选任军事教官兼总队长。学员们接受正规的军训，过着完全军事化的生活，每天定时进行操练，训练时间占全课程的三分之一。他们身穿军装，脚穿草鞋，起床、睡觉、集队都听从军号行事。每天清晨，军号声一响，学员们就起床，在五分钟内穿好军装、戴好军帽、打好绑腿，背起汉阳造步枪，精神抖擞，歌声嘹亮，到东校场进行操练。开始是学立正、稍息、卧倒、跃进、射击、刺杀，然后是利用地形地物潜伏隐蔽、夜间演习，最后是进行班排进攻、野外演习、实弹射击等。训练期间，还经常到附近的黄花岗、白云山等地进行演习，学习射击、刺杀和各种战术动作，还到兵工总厂进行实弹射击。在军事演习时，不论在沼泽地还是在荆棘丛中前进，一听到卧倒的命令就立即卧倒，要求十分严格。学员进入饭厅都要集队，吃饭时间也有规定，哨子一响，便要立刻走出饭厅集合。除训练外，不管白天还是夜晚，学员都要轮流执勤，站岗放哨。此外，每星期还安排两节军事理论课，主要讲授《步兵操典》。通过严格的军事训练，培养了学员吃苦耐劳的精神和英勇顽强的革命意志，也使学员成为既能宣传组织群众又能领导武装斗争的革命干部。

为了配合北伐军的军事行动，这届农讲所于九月结业。学员在返回各省之前，"遵照毛泽东同志指示，各省学员拟定出一份自己的工作方案"。根据方案要求和所学知识，学员们回到各地开展农运工作，迅速投入到火热的大革命洪流中去。

## （三）推动农民运动，星火渐成燎原

农讲所是在国共合作的条件下由共产党人主持的生气勃勃的一所革命学校，是一代农民运动干部成长的摇篮，为农民运动在各地的发展培养了大批干部。在两年的时间内，农讲所为广东、广西、湖南、湖北、河南、直隶、山东、陕西、四川、江西、福建等20个省、区培训了近800名农运骨干。有代表性的优秀学员包括，第一届：黄学增、韦启瑞、陈伯忠、高恬波、莫萃华、梁桂华、侯凤墀、丘鉴志、陈式熹等；第二届：李华炤、吴勤、宋华、雷永铨、杨树兴等；第三届：黄广渊、韦拔群、赖松柏、林道文、邓广华等；第四届：苏天春、何毅、刘乃宏、钟祝君等；第五届：毛泽民、蔡协民、余本健、聂洪钧、薛卓汉等；第六届：王首道、朱积垒、吴芝圃、郭滴人、曹广化、陆铁强等。农讲所创办以后，积极组织学员参加当时的工农运动及政府的政治军事行动，学员毕业后绝大部分回到原籍的省区去进行宣传组织活动，成为农民运动的骨干分子。他们以实际行动，有力地推动了各地农民运动的发展，为中国革命做出了重大贡献。

第一，促进农民协会建立，推动农民运动发展。农讲所自建立之日起，就为建立农民协会大造舆论。第一届学生曾发表过两次《敬告农民书》，揭露帝国主义和封建势力的罪恶，号召广大农民"赶快大家联合起来，组织农民协会，组织农民自卫军，同工人们团结一致，向前猛攻！推翻帝国资本主义！"学生们还利用课余时间到广州市郊农村做宣传，"长洲农民协会成立即当时宣传结果"。第三届学生到韶关实习期间，由于他们出色的宣传，该地区的农民协会纷纷建立起来。

农讲所培养和造就的农运干部，"三分之一由中央农民部（1924年国民党'一大'设立，是国民党中央党部的一个重要部门，是国共合作的产物——编者注）分派为广东各地特派员，从事工作；三分之

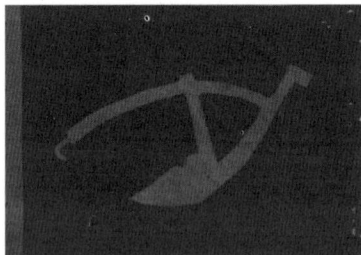

农会犁头旗

二，则分遣回籍，从事地方农民运动。所有广东各地农民协会，多于此时组织起来。"学生回乡后，运用他们学到的理论知识和农民运动的方法，深入各地农村，串联发动贫苦农民，建立农民协会，同土豪劣绅及各种封建势力作斗争，从而有力地推动了农民运动的发展。凡是农民运动发展较快的地区，均与农讲所学生的宣传发动密不可分。如广州市郊、顺德、广宁、花县、南海、番禺、紫金等地，在农讲所学生李

民智、郑千里、吴勤本、黄泽南、吴兆元、李华炽、梁歧玉、卢耀门、钟一强、陈伯忠、梁桂华等人的努力下得以迅速发展。当时的南路，在第一届农讲所学生黄学增的带领下，进行了开拓性的工作和奋斗，有了较大的改变。黄学增毕业后首先在遂溪、海康、廉江等县建立了共产党组织，然后以此为核心培训农运干部、开展农民运动，很快便打开了局面，成为南路乃至广东著名的农民运动领袖。同黄学增一样，农讲所不少学生，后来都成为各地出色的农民运动领导人。彭湃在给中共广东区委农民运动委员会的报告中谈到第二届农讲所学生的作用时曾说："就我们学校第二届毕业的宣传鼓动员说几句：他们工作得很好，没有辜负我们对他们的培养和训练。"彭湃这里说的虽只是第二届，实际上，它同样适用于其他各届。除广东外，来自各省的学生毕业后，同样发挥了"农民运动推进机"和宣传队的作用。如第五届"农民运动讲习所有二十九个学生回去湖南各地实地工作，农民运动在湖南便萌芽起来了"。第六届农讲所毕业的学员回到各省区后，参照广东农民运动取得的经验积极指导本地工作，导致全国的农民运动特别是湖南、湖北、江西、广西等地的农民运动很快进入高潮。

第二，始创农民武装，保卫胜利果实。在建立和发展农民协会的同时，农讲所学生还十分重视建立农民武装，以对付地主武装，保护农民协会不受摧残。在商团事件中被改编为农民自卫军的农讲所第二届学生，就是"农民自卫军成立之始"。它是我国第一支农民武装，对各地农民自卫军的建立起了先导作用。第三届学生也组成了"广东农民自卫军模范连"。由于学生在校期间就进行了严格的军事训练，参加了农军组织，因此毕业后对各地农民武装的建立起着实际的指导作用。在农民武装建立较早、与地主民团展开激烈斗争的广宁、花县等地，其农民自卫军都是由农讲所学生组织和训练的。"在农民与地主斗争中，打前锋者多为讲习所卒业之学生。"在农讲所学生的推动下，伴随着各县、区、乡农民协会的建立和农民运动的发展，各地普遍出现了农民武装。他们成为农民运动的保卫者和农民协会的坚强柱石。

第三，举办地方性农讲所，继续培养农运干部。为适应各地农民运动发展的需要，农讲所学生毕业后还仿照广州农讲所的做法，运用农讲所的教材和教学方法，在本地开办各种农训班或农军学校。据不完全统计，在广东就开办了"广东农民训练所""北江农军学校""汕头农工讲习所""雷州农民讲习所""海南陵水农训所"等20多间，培养了大批农运干部。外省学员也有不少在原籍开办农讲所，如第三届学生韦拔群、陈伯民回到广西东兰县"在武篆区创办了农民运动讲习所，以培植农运干部"，韦拔群为主任。广西农讲所前后办了三期，共培养了五百多名农运干部。他们遍布右江各地，迅速掀起该地区的农民运动高潮。此外，在江西、湖南、湖北、陕西等省也先后办起地方性的农讲所，学生遍布于全国各地。

---

### 《海丰农民运动》

彭湃在开办农讲所时撰写的《海丰农民运动》，后被毛泽东编入《农民问题丛刊》，作为第六届农讲所教材。1926年10月首次出版时，由周恩来题写书名。这是共产党历史上第一部关于农民运动的专著，被称为"革命者的必读书"（瞿秋白语）。

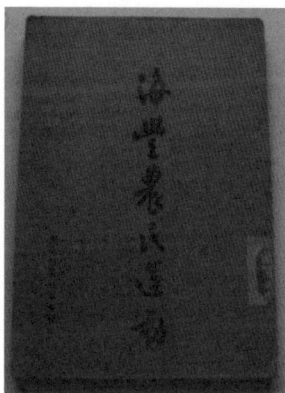

---

第四，支援省港罢工，巩固工农联盟。1925年6月省港大罢工爆发后，农讲所学生通过各种形式支援罢工斗争，进一步推动工农运动。这期间，农讲所学生深入到罢工工人中调查罢工状况，开展宣传活动，并四出发动募捐，慰问罢工

工人。对此,团中央机关刊物《中国青年》曾发表文章赞扬道:"在这次'反帝'运动中,除各县有组织农民种种运动外,广州亦有代表农民的'农民运动讲习所'学生参加⋯⋯该所已毕业两届,其学生百余人,现第三届亦有学生百人。毕业学生多往各县作农民运动。在这次'反帝'运动中,这一般青年农民的学生,对宣传及援助罢工工人亦做了许多工作。"第四届农讲所"特在讲习所内附设一罢工工人补习班,使工人经过一度训练,并熟悉农民运动情形,然后出发宣传,收效益当伟大"。学生们通过支援罢工斗争,也深受工人阶级反帝爱国精神的感召,从而更坚定了从事农民运动的决心和信心。

第五,参加东征南征,随军宣传发动。为了荡平盘踞东江的军阀陈炯明,广东革命政府于1925年2月和10月举行两次东征。农讲所先后派遣学员组织宣传队,随军出征。他们沿途做思想政治工作,发动农民支援革命军,并趁东征军到达之机,在当地组织农民协会,发展农民运动。据文献记载,第一次东征时,"农民运动讲习所第三届东江籍学生十人,组织宣传队随军出发,担任宣传工作。此宣传队有随军到五华、紫金、龙川等县去组织农民协会的。惠阳县农民协会即于此时乘军事胜利,由随军留下来的宣传队两位同志及二三个农讲所学生去宣传组织起来"。1925年冬国民革命军南征讨伐邓本殷时，农民部也先后派遣了第三届学生苏其礼，第四届的何毅，第五届的欧赤、卢宝炫、刘坚等人到南路活动。他们发动农民为革命军当向导、通报敌情，为战地服务。在广大人民群众的支援下，革命军很快打败了邓本殷，解放了南路，收复琼崖。此后，南路和琼崖的农民运动得以发展。

还值得一提的是，农讲所学员不但在推动农民运动、统一广东革命根据地的斗争中起先锋模范作用，而且在支援北伐战争及至大革命失败后的长期革命斗争中都做出了卓越的贡献。

农讲所的成功举办，留下了宝贵的经验。一方面，立足中国国情，坚持实事求是。马克思主义基本原理必须和我国革命实践结合起来，走有中国特色的革命道路。在半殖民地半封建的中国，最大的国情即是农民人口占大多数。他们身处社会的最底层，所受压迫剥削最重，是工人阶级最可靠的同盟军。中国共产党人坚持实事求是的思想路线，深刻洞察中国国情，不断探索中国革命的道路。毛泽东把实践认识上升为理论，提出：农民问题乃国民革命的中心问题；农民不起来参加并拥护国民革命，国民革命不会成功；农民运动不

农讲所保存的"农为党本"旗帜

赶速做起来，农民问题不会解决；农民问题不在现在的革命运动中得到相当的解决，农民不会拥护这个革命。正因为抓住了"农民"这个"国民革命的中心问题"，才有土地革命战争的兴起，才有"农村包围城市、武装夺取政权"革命新道路的形成。

另一方面，做好干部培训，牢树宗旨意识。毛泽东说过，"政治路线确定之后，干部就是决定的因素"。中国共产党要完成反帝反封的民主革命任务，需要大批革命人才。在国共合作后工农运动合法化的有利条件下，中国共产党抓住了历史的机遇，推动并成功主办农讲所这个"革命的摇篮"（第六届学员王首道语），培养造就了大批农运干部。同时，践行党的宗旨，做好群众工作，启蒙和动员广大农民参与国民革命，是革命成功的基础和保证。就如毛泽东指出的，"国民革命需要一个大的农村变动。辛亥革命没有这个变动，所以失败了"。而农讲所的举办，就是为了唤起占全国人口绝大多数的农民群众的觉悟。农民群众经过启蒙后，提高了觉悟，知道为自己的利益而战。农民运动的遍地开花，不仅对大革命的成功开展是直接有力的支援，而且为从大革命向土地革命战争的转变奠定了基础，准备了条件。

# 三 全国第一个省农民协会的建立与农民运动的高涨

第一次国共合作建立以后，在南粤大地上，迅速掀起以工农群众为主体的反帝反封建斗争的怒潮。其势恰如珠江的浩瀚洪涛，波涌千里，汹涌澎湃。工农运动猛烈地冲击着帝国主义、封建主义的根基，荡涤着反动统治的污泥浊水，震撼着旧世界。

## （一）农运再起浪潮，广宁勇立潮头

广宁，地处粤西山区，山多田少，土地贫瘠，物产不丰。加上水旱之灾、兵匪之祸，农民生活十分艰苦。毫无疑问，这里的农民对不合理的社会制度潜藏着强烈的反抗心理，对革命的渴求非常急切。正因为这一缘故，广宁是广东较早开展农民运动的地方之一。

1924年4月上旬，共产党员周其鉴等人受中共广州地委、团广东区委的派遣，以国民党中央农民部特派员的公开身份回广宁开展农民运动。他们选择了该县的江屯、潭布等乡进行农会的筹建工作。这期间，他们或深入乡村宣传发动，或趁圩期集众演讲，或挨家挨户谈话。经过一番努力，到4月中旬，荷木咀、拆石、江屯、潭布、螺岗等乡的农民协会就宣告成立。这是广宁成立最早的五个乡农会，入会者达3000多户。

农民组织起来了，地主劣绅惊恐万状。他们处心积虑，伺机进行破坏。广宁县长李济源就依仗自己手中的权力，不给农会立案，还处处刁难农会。地主劣绅则造谣、恐吓，宣称农会不准立案，属于违法组织，入会者要治罪等，千方百计损害农会的声誉。已经成立农会的江屯、潭布等乡的地主劣绅，更是视农会为眼中钉，指使反动民团对农会进行围攻，制造了一桩桩破坏农会、残害会员的流血事件。

**周其鉴**

周其鉴（1893—1928年），广东省广宁县人，大革命时期广东农民运动的领袖之一，1928年年初在清远被国民党军队逮捕，英勇就义。

1924年6月10日，是广宁农民运动史上一个黑暗的日子。这天，广宁大地主江耀南等指使反动民团捣毁江屯乡农

会，拆毁会所，撕碎会旗。农会的物品被抢掠一空，不能带走的都被捣毁。潭布大地主江汉英则率领民团洗劫潭布农会，并肆意殴打农会职员。会所被焚毁，各种文件、册籍、旗帜化为灰烬。这就是震惊全省的地主反动民团袭击农会的重大事件，史称"广宁风潮"！

"广宁风潮"的消息传至广州，中共广州地委迅即采取如下应对措施：第一，积极与国民党左派、广东省省长廖仲恺联系，争取他的同情和支持；第二，将"广宁风潮"事件见诸报端，公之于众，以争取社会各界的同情和支持；第三，发动社会各界通电声援。与此同时，广州地委还派人查明事件真相，写成材料向广东省政府报告，呈请缉拿祸首。中共广州地委、广东省政府的支持和各方的声援，进一步激发了农民反抗地主劣绅的阶级仇恨。广宁农民精神大振，很快恢复并发展了农会组织，全县又有八个区成立了区农会。广宁县农民运动迅速掀起了新的高潮。

1924年10月10日，广宁县农民协会宣告成立。这是肇庆府属各县第一个成立的县级农会。此时的广宁，乡村中最普遍、最突出的问题是地主对农民的榨取，地租之重、苛捐之多、盘剥之甚，使农民苦不堪言。因此，县农会一成立，便在全县范围开展减租斗争。县农会成立了减租委员会，召

广宁县农民协会旧址

集各区乡执委联席会议、各区乡委员会议等商讨减租有关事宜，公决减租成额："按照租额六成交纳田主而减出四成，三成归佃农，一成归农会"。并决定首先在农民运动基础较好的荷木咀、拆石、社岗、井窟、古楼营、锅原和螺岗等乡，全力开展减租。

然而，减租运动直接触犯了地主的利益。地主对农民减租的合理要求不仅不接受，相反还成立了"保产大会""业主维持会""业主军"等组织与农会对抗，以暴力强迫农民纳租。地主与农民的阶级矛盾进一步激化，减租斗争遂演化为激烈的阶级冲突。一场真刀真枪的博弈和比拼，一触即发！

12月1日，是原定召开田主、农会双方代表会议的日期。会议的议题也早已确定，就是商议和平解决武装冲突问题。但是，农会代表都遵约到齐，而田主代表却无一人到会。令人不敢相信的是，这时候全县的大小田主却正在纠集反动民团，磨刀霍霍，准备大打出手，分头进攻农会。本是商定"和平解决"之日，却在地主民团的公开挑衅下，成了战端骤起之时。

面对地主民团的袭击和进攻，广宁各地农会立即行动起来，一面呈请广东省政府缉匪惩凶，一面发出宣言，申明武力自卫。于是，双方争斗愈演愈烈，一场大规模的武装斗争波及广宁各区乡。

中共广东区委、国民党中央农民部接到广宁县农会的报告后，迅即派彭湃以国民党中央农民部特派员的身份赶赴广宁，领导这场斗争。鉴于当地的地主武装强大，彭湃先后向中共广东区委和国民党中央农民部报告，请求派军队支援。

12月11日，广东革命政府派出以共产党员为骨干的大元帅府铁甲车队80余人到广宁，支援广宁农会的减租斗争。12日，农会方面以农军为先锋，铁甲车队为后盾，向潭布民团据点发动进攻。经过一天的激战，民团不支，退守以江姓炮楼为中心的几个据点。江姓炮楼高五层，墙厚楼实，建筑坚固，非攻坚武器难以攻破。农军武器简陋屡攻不克，无奈于当晚撤出战斗。铁甲车队党代表廖乾五回省报告敌情，请示增援。

铁甲车队到广宁援助农军

12月16日，廖仲恺以大元帅府名义下令就近驻防的粤军第三师，立即派出一个营的兵力协助广宁农军，"清除土恶，务使横霸乡曲损人肥己者，绝迹销声，不为农害"。同时，决定组织"绥缉善后委员会"，由广宁县县长蔡鹤朋、国民党中央农民部特派员彭湃、铁甲车队党代表廖乾五和粤军第三师高级副官詹学新为委员，负责处理广宁事件。27日，广宁绥缉善后委员会召开会议，通过了两项决议：缉拿江汉英、谭侣松等8名广宁事件祸首和收缴地主反动武装。这两项决议，意味着革命势力将对反动武装彻底清算，因此地主劣绅和反动民团都感到非常害怕。

广宁县团保总局局长谭侣松，眼看自己处境不妙，于是绞尽脑汁想出了一条离间计：12月29日，他通过广宁县署发出请柬，邀请国民党中央农民部特派员彭湃、铁甲车队队长徐成章、铁甲车队党代表廖乾五、广宁县长蔡鹤朋、第三师长官詹学新等，于当晚8时到县团保总局赴宴。

在谭侣松看来，这席盛宴如能操办成功，可一举两得：一是可拉拢第三师官兵，营造地主、团丁、官兵"亲密合作"的假象，从而离间农会与军队、特派员的关系，达到破坏农民运动之目的；二是可以联络感情，为自己留条后路，达到"自保"的目的。彭湃、徐成章、廖乾五一眼就看破了谭侣松的企图，决定来个顺水推舟，将计就计。当晚，他们身藏短枪，带着几名铁甲车队队员依约赴宴。谭侣松看到所请之人如约到齐，以为计划得逞，暗自高兴。席间，他敬酒递烟，大献殷勤。正当谭侣松得意忘形之际，彭湃、徐成章、廖乾五等人忽然宣布对他实行拘捕。与此同时，由铁甲车队副队长周士第、军事教官赵自选率领的其他铁甲车队队员包围了县团保总局，收缴民团枪械42支，全部用来武装农军。

缉拿谭侣松之后，广宁农军旋即部署了对江姓炮楼的围攻。1000多人的农军，在铁甲车队的配合下，向炮楼里的民团发起攻击。但守敌据楼顽抗，激战终日，仍未攻克。1925年1月9日，建国陆海军大元帅府卫士队100余人，奉命从广州携带一门大炮前来助战。卫士队炮兵向江姓炮楼一共发射了6枚炮弹，弹无虚发，发发命中。民团见状，惊慌失措，军心动摇。

可就在此时，大元帅府卫士队队长卢振柳却袒护地主民团，提出所谓"和平协商解决业佃纠纷"。他下令卫士队停战，并要求广宁县农会和铁甲车队撤围罢兵，以便召开全县业主会议，"协商"解决减租问题。

然而，一方高喊"停战议和"，另一方却没有放下武器。卫士队的停战令一下，地主民团得到了喘息的机会，旋即嚣张起来。他们不肯善罢甘休，继续疯狂地攻击农会，残杀会员，流血事件接连不断……

事态仍在恶性发展。彭湃、周其鉴等一方面以广宁县农会名义致函卢振柳，对"和平解决"办法提出异议，重申"惩办祸首、承认减租"等建议；另一方面要求各地农军保持警惕，不能松懈，继续严密监视民团动向。然而，卢振柳对彭湃等人的意见不但置之不理，敷衍了事，而且还命令农军撤回步哨，禁止荷枪外出。这实际上等于解除了农军的武装，以致大灭农军的志气，大长地主武装的威风。

对于卢振柳的行为，彭湃与县农会、铁甲车队负责人研究决定：一面由彭湃回广州向中共广东区委请示报告；一面以县农会名义致电代理大元帅胡汉民和国民党中央农民部部长廖仲恺，并通电全国，揭露卢振柳勾结地主、压迫农民的恶劣行径。

结果很快就出来了，卢振柳被撤职，改由卫士队第一连连长谢升继代理，廖乾五兼任卫士队党代表；并由彭湃、廖乾五、谢升继组成广宁绥缉军事委员会，统一指挥铁甲车队、卫士队和广宁绥委的一切行动。

1月23日，彭湃从广州带回了大元帅府的命令，同时也带了一批枪支弹药到广宁。2月1日，农军、铁甲车队和卫士队开始向潭布的民团以及泰安、江姓、黄姓炮楼等各据点发起总攻。在久攻未克的情况下，农军采取了围困的办法，将潭布炮楼团团围住。铁甲车队和卫士队击退了前来解围的江屯民团，各乡农民也积极支援围攻潭布的战斗，社岗的农妇还冒着枪林弹雨，挑着柴草准备焚烧炮楼……

围困之法，立刻奏效。民团炮楼陷于重围，孤立无援，弹尽粮绝。福安炮楼日感不支，首先竖起白旗投降。随后，泰安炮楼也缴械投降。2月16日，农军在铁甲车队和卫士队的配合下，乘胜追击，扫清了潭布及其附近的企山顶、黄岗坳和螺岗的民团。其余各地地主劣绅，包括最顽固的江屯地主民团，眼看大势已去，也纷纷向农军求和，表示愿意缴械。至此，广宁农民反抗地主的武装斗争宣告结束。2月19

日，铁甲车队、大元帅府卫士队胜利回到广州。

广宁减租斗争的胜利，使地主劣绅不得不接受农会提出的减租条件，并取消了收租的大秤，统一使用农会的正斗。同时取消了"田信鸡鸭""田信钱米"的额外盘剥，农民的负担得到明显减轻。减租运动的成功，使广宁农会的威信进一步提高，农会组织迅速壮大。受广宁减租斗争胜利的影响，广宁周边各县的农民运动也得到进一步发展。

## （二）成立省农协，率先"吃螃蟹"

共产党十分关注农民问题，并着手把他们组织起来，以更好地实现和维护广大农民群众的利益。早在1923年6月召开的中共三大，就通过了《农民问题决议案》，高度重视农民运动。

1924年，改组后的国民党对农民运动采取支持和扶助的方针，而对反动势力压制农民运动的行为则给予打击。国民党中央执行委员会还成立了农民部，且接受彭湃的建议创办农讲所。8月，中共广州地委正式成立农民运动委员会，专门负责有关农民运

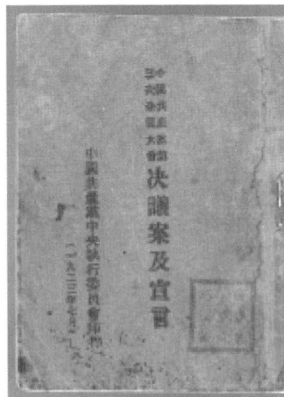

中共三大通过的
决议案及宣言

动的事宜。在国共两党合作的推动下，广东的农民运动得到了迅速的恢复与发展。

1924年春夏，顺德农团、佛山南浦农团、广州市郊和香山的区农会先后建立，拉开了粤中地区农民运动的序幕。在粤西广宁，4月成立了农会筹备处，6月建立了8个区农会，10月正式成立县农民协会，并取得了减租斗争的胜利。西江地区农民运动从此迅速蔓延，并崛起成为广东农民运动的又一个重要地区。7月，花县九湖、宝珠岗多个乡农民协会成立，继而成立了3个区农民协会，10月正式成立县农民协会。随后，曲江、清远等县开展了农民运动，北江地区也掀起农民运动热潮。1925年2月，革命军举行第一次东征，收复了陈炯明盘踞的东江。随着东征军军事的胜利，东江地区的农民运动蓬勃发展，海丰和其他各县的农民协会纷纷得到恢复。

各地农民运动的开展，从反抗地主压迫、减轻农民痛苦入手，目的在于依靠农民力量，谋求农民解放。此时乡村中最普遍最突出的问题是地主占有大片土地，靠地租收入不耕而食。地租之重，往往高达六成。农民辛勤耕作，只得所获的四成。"惟有田租过重，实为农民永远之致命伤！"因此，各地农会一经成立，即开展减租、抗捐等各类经济斗争。花县农会提出"二五减租"，要求取消各种交租苛例和不合理摊派。广宁农会几次发出"减租宣言"，以组织起来的势力要求地主接受农民的条件，减轻租税负担。乡村阶级矛盾很快激化，减租斗争往往演化为激烈的冲突。这期间被地主民团或反动军警杀害的农运骨干，广宁有12人，顺德有20多人，广州市郊第一区农会委员长林宝宸、花县农会副委员长王福三等先后在斗争中牺牲。残酷的事实说明，农民必须建立自己的武装，才能压倒地主的气焰，保卫自己的利益。在革命政府支持下，1924年8月，广东农民自卫军（农团军）成立，由彭湃任团长，徐成章任指挥。各地农民的农会组织，许多也建立了农民自卫军。

当农民反抗地主的斗争激烈展开的时候，国民党内部有的人站在地主阶级一边，诽谤农会，反对农民运动。孙中山和廖仲恺则对农民运动给予坚决支持。广宁农民在减租运动中受到地主的迫害，廖仲恺接受共产党员的建议，派大本营铁甲车队和黄埔军校学生军武装援助农民运动，从而开创了革命军开赴乡村援助农民运动的先例。花县王福三遇害后，廖仲恺通知石井兵工厂售给花县农会一批枪械，以武装农民自卫军。农民运动得以在残酷的斗争环境中坚持和发展，与革命政府的保护和支持是分不开的。

为了把全省各地的农民协会和农民组织联合起来，更好地实现农民群众的利益，中国共产党决定成立一个统一的组织来领导。1925年5月1日，广东省第一次农民代表大会在广州隆重召开，广东省农民协会应运而生。大会发布了《广东省农民协会宣言》，制定了章程，选举产生了省农民协会执行委员会，罗绮园、彭湃、阮啸仙、周其鉴、蔡如平等5人当选为常务委员。

广东省农民协会，是全国第一个省级农民协会。从此开始，"吾人为更有组织的、有计划的、更完密的统一而共同奋斗"。这时，广东有组织的农民约21万人，有农会组织的县共22个。此后，在省农民协会的统一领导下，农民运动进入大发展时期。到这年10月，不足半年时间内，全省有33个县建立了农会组织，拥有会员高达45万人。成立了县一级农会组织的，有海丰、陆丰、潮安、五华、普宁、广宁、番

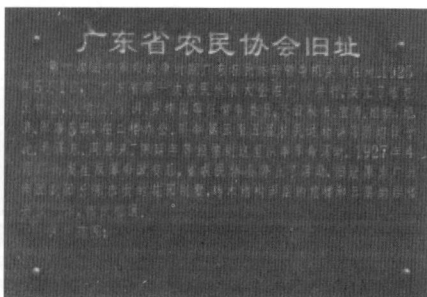

广东省农民协会旧址

禺、东莞、宝安、
中山、顺德和花县
等12个县。

　　1926年年初,
广东全境实现统一
后,广东省农民协
会进一步加强了
对农民运动的领

广东省农民协会第一届执行委员会成员

导。除了直接指导中路地区的农运外,还分别在潮梅海陆
丰、北江、惠州、南路、西江、琼崖等六个地区设立了办事
处,以指导各地的农运工作。到5月,广东农会有了进一步
的发展。在全省90多个县中,有66个县建立了县级农民协会
组织,区级农会177个,乡一级的农会4216个。参加农会的
会员更是高达62万余众,占全国农会会员总数的60%以上,
还有农民自卫军3万余人。广东成为全国农民运动的先导和
标杆。

## (三)高要生惨案,农运要高涨

　　广东省农民协会成立后,随着革命运动的迅猛发展,
广东农民运动进入高潮时期。各地农民积极参加各项政治、

军事斗争：在讨伐杨、刘事件中，"成立不满一月的省农民协会为拥护革命政府肃清反革命势力起见，就号召各地农友一致团结起来，援助党军，遂能于很短时间，荡平叛党"；在省港大罢工中，"中山、宝安、东莞、顺德、潮汕、惠阳以至雷州、琼崖各地农民，都很热烈的一致起来实行封锁政策，截留外来英货不许入口，检查内地奸商劣绅互相勾结偷运出口的土货，不准接济香港"；"'廖案'发生后，农民非常激愤，到处都可以见到一万人以上的农民集会示威，要求政府肃清反动派。政府卒赖农民的帮助，打破军阀土豪劣绅一般反动派的结合"；在东征、南征中，"东江惠阳、海丰、陆丰、五华、紫金一带，几万农民在一块与革命军共生死，因此东江农民牺牲性命至五百余人之多，他们被敌军断头剖腹割耳而死！至于南路方面农民，平素虽无组织，但革命军抵琼州时便很热烈的与革命军合作，供给革命军粮食，做引路、侦探、运输种种工作，使革命军能于短期内把南路反动派肃清"。广大农民在革命斗争中表现出前所未有的热情、勇敢和智慧，为赢得胜利建立了不可磨灭的功勋。而革命运动的深入，特别是革命军收复东江、南路和琼崖，统一广东革命根据地，又极大地推动了农民运动的发展。大军所到之处，农民协会和农民自卫军纷纷建立，农民运动呈现突飞猛进的势头。

中共广东区委十分重视加强对日益高涨的农民运动的领导。1925年10月，区委农委负责人彭湃、阮啸仙针对各地农运状况，为国民党广东省第一次代表大会起草了《关于农民运动决议案》，提出必须撤销民团、商团、区乡保卫团等地主武装，严厉惩办破坏农民运动、迫害农会会员的土豪劣绅，迅速组建农民自卫军等几个迫切需要解决的问题。这个"决议案"被大会通过，对农民运动的发展起了指导和推动作用。在这次会议上，彭湃被选为国民党广东省党部农民部部长。

这个时候，在肇庆高要发生了震惊全省的"高要惨案"。高要农民协会是广东区委直接派人组织起来的，农运的骨干分子有的是广州农民运动讲习所学员。区委还通

*广东省农民协会创办的刊物——《犁头》*

过多方活动，让高要农民自卫军领到了革命政府发的枪支。至1925年秋，高要农民协会发展到27乡、5200多户，相继成立了第一、二、三区农会。但是，地主豪绅卢沂川等与农民协会对抗，于1926年1月3日纠集高要、德庆、广宁3县民团、神打团（迷信武打团体），向高要农协发动武装袭击，并大肆烧杀，打死、打伤农会会员100多人，毁房200多间，劫牛150多头，农民财物被洗劫一空。这就是"高要惨案"。

事发之后，广东区委指示第四军第三十四团（即叶挺独立团，当时驻肇庆）派队救援，并在广州、肇庆等地发动各界声援高要农民，为受难者捐献食品和衣物。此时，正值国民党在广州召开第二次全国代表大会，"高要惨案"遂为

高要第一区农民自卫军总部旧址

各地代表关注。国民党政治委员会乃决定成立高要绥缉委员会（以下简称"绥委"），全权处理此案。1月29日，"绥委"正式成立，成员有叶挺、罗绮园、韦启瑞、王寒烬、周其鉴、张次眉（除张外其余均为共产党员），以叶挺为主席。广东区委在"绥委"内设中共"党团"，以韦启瑞为书记，每天开会一次，"一切事情均在党团内决定后才在绥委提出"。"绥委"成立后，勒令地主赔偿农民的损失。可是，地主说："要我赔银一事，不在望矣。战亦亡，不战亦亡，何不一战而亡！"他们于3月5日再次纠集民团和神打团，竟然包围"绥委"和独立团驻地。叶挺果断指挥部队将地主武装打败。地主豪绅不得已赔偿5万元，并交出枪械，高要事件遂告解决。"绥委"党团在此期间吸收了一批积极分子入党，壮大了党的组织，并大力推动农民运动，使高要农民运动进入新的发展阶段。

正当高要农民艰苦搏斗之时，普宁农民也开展了一场声势浩大的反抗地主的斗争。普宁地处粤东，农民历来深受地主压迫剥削，反抗意识强烈。1926年1月14日，该县地主唆使打手殴打进城农民，重伤4人，轻伤无数，激起农民的强烈愤慨。于是农民将打人凶手扭送第一区农会，再转交政府究办。次日，地主纠集民团武装数百人进攻第一区农会，农民自卫军被迫奋起抗击。此时，中共普宁县支部刚刚成立，陈魁亚任书记。为反抗地主的压迫，普宁支部发动各区乡农民围攻县城，与城内地主武装展开斗争。围城农民共达10万人。揭阳、潮阳、潮安和海陆丰等地农会也派人支援。地主武装向农会发起几十次反扑，均被击退。普宁支部站在斗争的前列，起到领导和中坚的作用。"参加此争斗，有我们同志十余人，很努力，陈魁亚同志尤其努力，白天夜晚都同农民一块在战壕里边，所以农民很信任我们同志，把他们的性命财产通同放在我们同志手内。"为解决此案，中共广东区委和广东省农民协会派彭湃赶赴普宁。地主慑于农会的声威，遂于2月5日彭湃到达之前向农会讲和，接受农会提出的惩办祸首、赔偿损失和医药费等条件，普宁围城斗争遂以农民的胜利而告结束。此后，普宁农民运动得到长足发展，成为继海陆丰之后又一个农民运动的坚强堡垒。

东江、南路收复之后，为了加强对各地农民运动的统一领导，广东省农民协会在潮梅海陆丰、惠州、北江、西江、南路、琼崖6个地区设立办事处。这几个办事处及其所辖地区农民运动发展情况是：

（1）潮梅海陆丰办事处设在汕头，由彭湃任主任，辖海丰、陆丰、普宁、惠来、揭阳、潮阳、潮安、澄海、丰

顺、南澳、平远、蕉岭、饶平、兴宁、梅县、五华、大埔17
个县。这个地区以海陆丰为中心的农民运动，是全省农民运
动的策源地。第一次东征时，许多地方的农会组织得到恢复
和发展。但当东征军回师广州后，陈炯明军窜返东江，地主
土豪随即大肆破坏农民运动，捣毁农会组织。共产党员、海
丰农民自卫军大队长李劳工惨遭屠杀。第二次东征后，在革
命战争的推动下，潮梅海陆丰地区的农民运动又蓬勃开展起
来。海丰全县850多个乡中有650多个建立了农会，海丰、陆
丰两县农会会员达25万余人。在农会的组织和领导下，农民
普遍开展减租斗争，一般照1925年所还实额减三成。交租时
田主须按每担十里一元的价格给农民付资，并取消三下盖、
伙头鸡、伙头钱、伙头米等苛例。这些措施维护了农民的经
济利益，得到农民的普遍响应和支持。1926年1月普宁农民
围城斗争的胜利，更加鼓舞、推动了农民运动的发展。至5
月，该办事处所辖17个县普遍建立了农会组织，会员达35
万人。

（2）惠州办事处设在惠州，由朱祺任主任，辖惠阳、
紫金、博罗、河源、龙川、新丰、连平、和平8县。其中惠
阳、紫金两县因受海丰农民运动的影响，早在1923年就建立
了农会组织。第一次东征时，在东征军政治工作人员的帮助

广东省农民协会惠州办事处旧址

和推动下，惠阳、紫金、龙川重新建立农会组织。其中惠阳一县就建立了20多个乡农会，会员达200多人。第二次东征克复惠城后，惠属农民运动以突飞猛进的势头发展，乡农会有76个，会员达4000多人。1925年11月16日，惠阳县农民协会正式成立，阮啸仙为该会起草"宣言"并到会作报告。至1926年4月，乡农会增加到185个，会员1.4万人，农民自卫军4000多人。

（3）北江办事处设在韶关，由丘鉴志任主任，辖曲江、乐昌、仁化、乳源、翁源、英德、始兴、南雄、阳山、连县、连山11县。1924年秋孙中山到韶关。同时，农讲所第二期学员编成农民自卫军也开赴韶关，他们参加训练和宣

传，为曲江农民运动的发展打下了基础。1925年11月20
日，曲江农民协会正式成立，第五届农讲所100多名学员在
主任彭湃的带领下参加成立大会。到1926年4月，曲江全县
建立了7个区农会，会员1.1万人；北江地区有5个县建立了农
会组织。这个地区农会的开展，为后来的北伐战争准备了一
定的条件。

（4）西江办事处设在肇庆，由周其鉴任主任，辖高要、
四会、新兴、高明、恩平、广宁、开平、鹤山、封川、开
建、德庆、罗定、云浮、郁南14县。西江也是广东农民运动
兴起较早的地区。省农协成立后，西江农民将减租运动同武
装斗争结合起来，反抗地主豪绅的业税维持会、同善社等，
使农民运动深入发展。"高要惨案"是农民减租斗争遭到地
主残酷镇压的表现。好在广东区委通过国民政府解决了这一
事件，扑灭了地主豪绅的气焰，并
迫使他们赔偿农民损失，实行减租
二至三成。1926年，西江农民运动
达到高潮，全区有11个县成立了各
级农会组织，会员达11万余人。

（5）南路办事处设在梅菉
（在湛江吴川，后改设高州），由

广宁农民协会会员证章

黄学增任主任，辖阳江、阳春、茂名、信宜、电白、化县、吴川、廉江、遂溪、海康、徐闻、合浦、灵山、防城、钦州15县。这个地区长期处在军阀邓本殷统治之下，农民所受政治、经济压迫十分沉重。革命军南征时，国民党中央农民部派何毅、苏其礼等6人会同先期在雷州半岛活动的黄学增、黄杰等开展农民运动。此后，由中央农民部派出的特派员增至20多人。1926年3月，在办事处的组织领导下，吴川农民举行示威请愿，要求取消"三捐"（蒜头捐、蒜串捐、壳灰捐），掀起反苛捐运动。运动取得了胜利，推动了南路农民运动的发展。各县农民还开展肃清土匪、解散民团、取消田主苛例和高利贷、反对煤油专卖、反对垄断盐价等斗争。遂溪农民还斗倒了民愤极大的保卫团局长。至1926年5月，南路共有11个县建立了农民协会，会员1万多人。

（6）琼崖办事处设在海口，由冯平任主任，辖琼山、

广东省农民协会南路办事处旧址

澄迈、定安、文昌、琼东、乐会、临高、儋县、崖县、万宁、陵水、感恩、昌化13县。琼崖农民运动是在南征军收复海南岛之后发展起来的。各县相继成立农民协会和农民自卫军，开展减租斗争，并创办农民运动讲习所和农民自卫队训练所，大力培训农民运动干部。至1926年5月，琼崖有6个县成立了农会，会员8800人。

此外，在广东中路地区，包括广州市郊、番禺、南海、顺德、中山、新会、台山、东莞、宝安、增城、龙门、花县、从化、三水、清远、赤溪、佛冈等17个地区的农民运动，由省农民协会直接领导。省农协成立时，中路已有9个县建立了农会组织。此后，有组织地开展减租、废除苛捐杂税、反对地主民团的斗争，并积极参与援助省港大罢工、统一广东根据地的各项斗争。至1926年，中路已有13个县（市郊）建立了农民协会，会员人数达10多万。

1926年5月1日，广东省第二届农民代表大会在广州开幕。出席代表214人，列席100多人，广西、福建、湖南、浙江、江苏、河南、山东、山西、贵州、江西等省也派人参加了大会。中共广东区委农委负责人阮啸仙作《广东省农民一年来之奋斗》的报告。大会继续选举阮啸仙、彭湃、罗绮园、周其鉴、蔡如平为省农协常务委员。此时，广东全省农会会员共62万余人，占全国农会会员总数的60％以上。在广东，农会组织已举足轻重，农民运动已达到高潮。

四 省港大罷工

中国共产党是中国工人阶级的先锋队，成立后马上着手工人运动，领导罢工斗争，维护工人权益。为统一领导全国工人运动，1921年8月，共产党在上海成立中国劳动组合书记部。随后，中共广东支部在广州成立中国劳动组合书记部南方分部（后改为"广东分部"），由谭平山兼主任。这是广东共产党组织领导工人运动的公开机关。此后，从香港海员罢工开始，工人运动在全国风起云涌。而闻名中外的省港大罢工，更是将国民革命运动推向高潮。

## （一）工人罢工起浪潮，香港海员试牛刀

1922年1月，香港爆发了一场大规模的海员大罢工。这次罢工，是中国工人阶级第一次直接同帝国主义进行的针锋相对的斗争。它推动了全国第一次工人运动高潮的出现，扩大了中国共产党和工人阶级在全国的政治影响，被称为中国共产党成立后"中国第一次罢工高潮的第一怒涛"。

香港海员长期受英帝国主义的殖民统治和资本家、包工头的盘剥榨取，而且受到帝国主义的种族歧视，与白人海员

"同工不同酬"，还经常受到失业的威胁。低下的政治地位和经济待遇，造就了香港海员不甘屈辱的强烈反抗精神。由于职业的原因，海员们经常涉足世界各地，来往于各国港口，接触广泛，见多识广，消息灵通。他们较早地受到世界社会主义思潮和国际工人运动的影响，阶级觉悟相对较高。海员工人中的先进分子苏兆征、林伟民，早年参加过同盟会，支持孙中山的革命活动，也受到孙中山革命思想的影响。因此，香港海员对争取平等、维护正义的罢工斗争要求十分迫切。

1921年3月，中华海员工业联合总会在香港成立。这是中国海员工人第一个工会组织，也是中国最早的产业工会组织之一。海员工会成立后，根据广大海员提高工资、改善待遇和反对包工制压迫剥削的强烈愿望，发动海员进行"提高工资、改善待遇"的斗争。经过一系列的准备和酝酿之后，海员工会于9月正式向各国轮船公司和轮船资本家提出了加薪要求。但是，轮船公司和资本家都置之不理。11月，海员工会再次向资方提出加薪请求，仍然遭到拒绝。此时，各轮船上的外籍海员已增薪15％，而中国海员却"一仍旧贯"，"不加分毫"。资本家蔑视中国海员工人的行为，激起了工人们的强烈义愤。为此，海员工会决定将行动升级，对资本家发出更为强硬的诉求。

　　1922年1月12日上午，海员工人第三次向轮船资本家提出增加工资的要求，并限其在24小时内圆满答复，否则将举行罢工。这是香港海员工人在忍无可忍的情况下，向轮船资本家发出的最后通牒。然而，轮船资本家根本就不将此事放在心上，仍然置若罔闻，无动于衷。一而再、再而三，一次次的合理诉求，一次次遭到拒绝……面对着轮船资本家的傲慢和狠毒，广大海员工人非常愤慨，怒火终于爆发！下午5时，海员工会正式宣布举行罢工，并发出"罢工宣言"和"停工规则"，号召全体海员"万众一心，共同奋斗"。罢工的主要领导人是苏兆征和林伟民，苏兆征任海员工会代理会长，林伟民任海员工会总干事会常务委员。他们在领导这次罢工斗争中，显示出了强大的魄力和杰出的才智。

　　罢工爆发后，所有从香港开往广州、江门、梧州等地的

香港海员大罢工

内河轮船，以及外埠开到香港的英法日荷美等国的海洋轮船，"霹雳一声，一致罢工"。罢工轮船有90多艘，罢工者约1500人。第二天，弃船登岸的海员工人纷纷乘坐火车离港回穗。停泊在港的大小轮船顿时烟消火灭，空舟自横，全无声息。一个星期内，罢工迅速扩大，并逐渐蔓延到汕头、北海、琼州、江门等地，还影响到上海、新加坡、暹罗等地港口。参加罢工的轮船增至123艘，工人增加到6500人。

## 苏兆征

　　苏兆征（1885—1929年），广东香山县人（今珠海市淇澳岛）。他是中国工人运动的先驱和著名领袖，中华全国总工会的主要创建人和领导人，国际工人运动活动家，中国共产党早期重要领导人之一。1921年与林伟民等在香港建立中华海员工业联合总会，1925年加入中国共产党，参与领导震惊中外的香港海员大罢工和省港大罢工。历任中华全国总工会委员长，中央政治局候补委员，中央临时政治局常务委员。1927年任广州苏维埃政府主席。1929年2月在上海病逝。2009年，苏兆征被评为"100位为新中国成立作出突出贡献的英雄模范人物"。

林伟民

林伟民（1887—1927年），广东香山县人（今珠海市三灶镇）。他出身贫苦，早年在外国轮船上当苦力。1921年与苏兆征等在香港建立中华海员工业联合总会，当选为干事会干事。1924年加入中国共产党，参与领导震惊中外的香港海员大罢工和省港大罢工。1927年9月病逝于广州。

港英当局一直袒护、支持轮船资本家，对罢工海员采取敌对和镇压立场。他们不仅宣布海员工会为"非法团体"，而且还出动军警查封会所、驱逐会员、拆走工会招牌、拘捕工会办事人员……面对港英当局的高压政策，罢工工人"不因此而退缩，且更加奋激"，誓死与之奋斗到底。这样，海员罢工从仅仅要求增加工资、改善待遇的经济斗争，进一步发展为反抗帝国主义压迫的政治斗争。

中共广东支部对香港海员的罢工斗争极为关注，并全力支持罢工工人。在香港海员工人离开香港返回广州期间，很多共产党员和社会主义青年团员都参加了接待工作和其他各项工作。他们走上街头、深入民间，发表演说、散发传单，向市民介绍香港海员罢工的情况，号召民众积极支持海员罢工。尤其是在广州，支部还组织了"香港罢工后援会"，作为离港返穗工人的后盾。在党组织的影响下，广州的工人和市民积极支持和援助香港海员的罢工斗争。广州各工会和一些进步团体组织人员到广九车站迎接，并热情地协助安置罢工海员，帮助他们解决食宿等实际问题。这样，离港回穗的香港罢工工人基本上得到了安置。2月9日，广东支部发出《敬告罢工海员》书，明确表示"本党以海员同志为开始阶级斗争的急先锋，定当竭其能力，为之后援"，坚决支持海员的正义斗争。同时，号召罢工工人抖擞精神，"坚持到底、团结一致、严守秩序、注重自治"，争取最大胜利。

在罢工斗争中，罢工海员还积极联络香港运输工人，争取他们举行同情罢工。毕竟，工人都是一家人。在罢工海员的动员、劝说和争取下，激于民族大义和阶级义愤，香港运输工人也于1月底宣布"与海员取一致态度"，举行同情罢工。到2月1日，罢工斗争的规模进一步扩大，参与工人增至5万人。到10日，因罢工而停泊在香港的轮船增至168艘，货物26万余吨。其中英船76艘，货物12.7万多吨。罢工使5条太平洋航线和9条近海航线陷于瘫痪，港英当局和轮船资本家遭到沉重打击。3月初，香港各行业工人为支持海员斗争而实行总同盟罢工，罢工人数高达10万众，其中海员约2万人。全港各行业工人的总同盟罢工，使整个香港航运全部瘫痪、市内交通中断、生产停顿、商店关门，进而秩序大乱、人心惶惶。港英当局惊呼：香港海员罢工"陷本殖民地生命于危险之境"。

1922年3月4日清晨，数千名香港罢工工人成群结队步行回广州。当工人们行至九龙沙田地区时，突然遭到港英军警开枪扫射。当场打死4人，重伤7人（其中2人后因重伤不治去世），轻伤无数。这就是骇人听闻的"沙田惨案"。惨案发生后两天，3月6日，中共广东支部书记、中国劳动组合书记部南方分部主任谭平山在《广东群报》上发表《港政府枪毙华工》一文，强烈谴责港英当局的罪恶行径。同时，社会各界也纷纷提出强烈抗议。

香港当局制造的枪杀血案，进一步激化了香港罢工工人的反抗情绪。惨案发生后，香港总同盟罢工规模继续扩大，"各业罢工者日增"，"港地商业全行停顿，华人皆已离职"。

"沙田惨案"，不得人心，港英当局在社会舆论上更陷于完全孤立。3月5日，当局和轮船资本家迫于形势，不得不向工人屈服，答应了海员工人的基本要求：分别增加工资

15％～30％；抚恤"沙田惨案"死者家属，赔偿伤者医药费；恢复被取缔的工会，释放被捕工人；实行新的雇用船员办法，以减少工头的中间盘剥。这样，历时50余天的香港海员大罢工，最终以罢工工人的胜利而宣告结束。

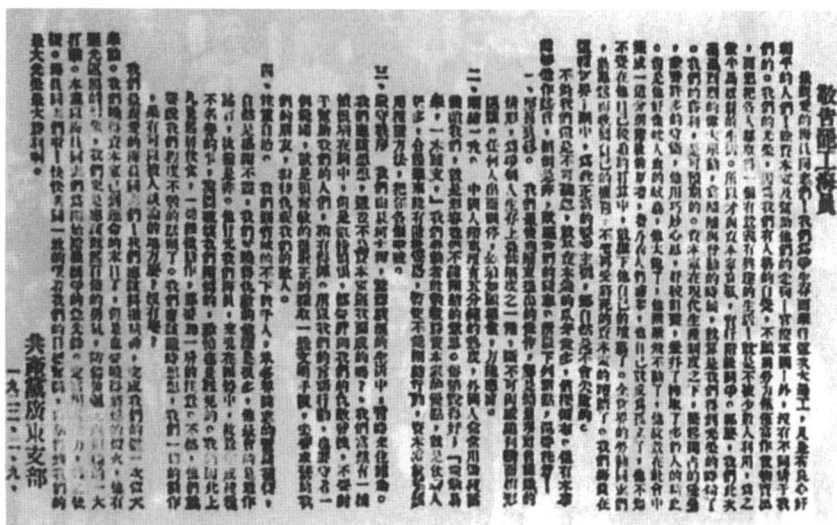

中国共产党广东支部发出的敬告罢工海员

香港海员大罢工斗争的胜利，是中国工人阶级反对帝国主义压迫的一次重大胜利，大大增长了中国工人阶级和中华民族的志气。这次胜利，沉重地打击了英帝国主义的嚣张气焰，迫使一向耀武扬威、肆意侵略压迫中国人民的英帝国主义者第一次在中国工人阶级面前低头认输，接受海员工人提出的要求。香港海员大罢工，显示了中国工人阶级的强大力量，极大地鼓舞了工人阶级的斗志，促进了工人阶级的团结，推动了全国工人运动的发展，成为中国共产党诞生后全国第一次工人运动高潮的起点。

## （二）召开三次"劳大"，广州功劳巨大

在国民革命的大本营广州，接连召开了三次全国劳动大会。在第二次全国劳动大会上，还成立了全国工人运动的领导机关——中华全国总工会。广州，一度成为中国工人运动的指挥中心。

1922年年初香港海员大罢工的胜利，推动了全国工人运动的发展。各地工人的罢工斗争日见活跃，全国工运形势大好。但是，当时全国尚未有统一的工人组织，各地工人的罢工斗争多处于零星分散、各自为战的状态，缺乏统一部署和相互策应，没有形成整体的合力。这种状况，既难以适应工人运动发展的需要，也不利于工人阶级开展的各种斗争。为了引导工人阶级有组织地团结战斗，推动工人运动的发展，1922年4月，广州、上海、北京等地的工会组织先后致函中国劳动组合书记部，建议这年"五一"国际劳动节召开全国劳动大会。

当时，中共中央局也认为很有必要召集一次全国劳动大会，于是决定以中国劳动组合书记部之名义发起召集这次大

会，并确定大会的原则是"不分何党何派，只要是工会便邀请其参加"，大会的目的就是促进全国工人阶级的团结。鉴于国民党和广东政府对工人运动采取支持的态度，并表示欢迎在广州开会，党中央便将会址确定在广州，由中国劳动组合书记部广东分部具体负责筹备。

4月10日，根据中共中央局的决定，中国劳动组合书记部"一面登报，一面发公函"，向全国各工人团体发出关于在广州召开第一次全国劳动大会（简称"劳大"）的通告。通告规定大会的宗旨和主要内容是：纪念"五一"劳动节；联络全国工界感情；讨论改良生活问题；讨论各代表提案。

召开全国"劳大"的通告一经发出，各地群起响应。从4月下旬起，来自全国各地的173名代表陆续抵达广州。他们分别代表北京、天津、唐山、武汉、长沙、南京、上海等地区，京汉、京奉、陇海、粤汉北段各铁路，以及开滦、安源各矿山等110多个工会、34万余工会会员。其中广州、香港两地的代表最多，约占代表总数的80%，共有130多人。

1922年5月1日，出席全国第一次"劳大"的代表和广州工人、各界群众共5万余人，在市立第一公园（今人民公园）举行庆祝"五一"劳动节大会，陈独秀、张国焘、张太雷分别在大会上发表演讲。会后举行游行示威，中共广东支部、广东社会主义青年团数百人也参加了大会和游行，谭平山扛着红旗走在游行队伍的最前面。沿途散发传单，奏乐舞狮，燃放鞭炮，盛况空前。

5月2日，全国第一次"劳大"在广州市"广东机器工会"礼堂正式开幕。大会先后由张国焘、谭平山主持。谭平山代表筹委会报告大会的筹备经过。大会接受了中国共产党提出的"打倒帝国主义""打倒封建军阀"等政治口号，通过了《八小时工作制》《罢工援助》和《全国总工会组织原则》等决议案。大会决定在全国总工会成立以前，中国劳动组合书记部为全国工人组织的总通讯机关。会议期间，孙中山还接见了与会代表。完成各项议程后，大会于5月6日胜利结束。

全国第一次劳动大会是中国劳动运动史上空前的盛会，开创了中国工人大联合的新纪元，被称为成功"引导工人阶级开始走向全国团结道路"的一次大

全国第一次劳动大会旧址

会。大会确立以产业组合为工会的组织原则，破除了有碍工人阶级团结的行会、帮口等狭隘的思想观念，既为改造旧工

参加第一次"劳大"的部分代表合影

会、建立新工会指明了方向，也为实现工人的联合和统一奠定了基础，对以后的工人运动产生了深远影响。中共广东支部为这次大会的胜利召开做出了重要贡献，得到广泛认可。

第一次"劳大"后，安源路矿、开滦煤矿和京汉铁路的工人相继举行罢工，我国的工人运动出现了第一波高潮。

时隔三年之后的1925年5月，中国共产党在广州召开了第二次全国劳动大会。这次全国"劳大"是在实现国共合作之后中国大革命高潮来临的前夜召开的，由中华海员工业联合总会、汉冶萍总工会、全国铁路总工会和广州工人代表会发起并向全国各工团发出通告，要求"全国各工团派遣正式代表出席"。出席这次大会的共有277人，代表着全国165个工人团体及54万有组织的工人。包括广东92个工会、上海14个工会、湖南6个工会、湖北1个工会，还有大连、天津、北京、济南、青岛、淄博、太原、郑州、九江、浙江等一些地方的工会组织。

大会前夕，中共中央发表了《中国共产党给第二次全国劳动大会的信》，热烈祝贺大会的召开。信中盛赞工农联合力量的强大，指出："在国民运动中，能够给敌人以最后致命打击的打击者，只有工农联合的力量"。

5月1日，出席第二次全国劳动大会和广东省第一次农民代表大会的500多名代表以及广州各界群众会集广东大学操场，举行纪念五一国际劳动节大会。赤色职工国际代表奥斯托洛夫斯基也出席了会议，并发表演说。谭平山、张国焘、林伟民、邓中夏以及广东省农民协会代表黄学增、青年军人代表王一飞等也分别在会上讲了话。会后，举行示威游行。游行队伍从广东大学操场出发，途经越秀北路、惠爱东路、永汉路，出南堤，西行至西濠口，折北抵达太平路西瓜园。观者人头攒动，道途为之阻塞，场面十分热烈。

5月2日，第二次全国"劳大"和广东省农民代表大会联合会在广东大学礼堂召开。与会者除了"两会"代表外，还有青年军人联合会、赤色职工国际、国民党代表，以及各界来宾，共计1000余人。会上，邓中夏作《中国劳动运动状况》报告，罗绮园作《广东省农民运动状况》报告，赤色职工国际代表奥斯托洛夫斯基作《世界职工运动状况》报告。全国铁路总工会、汉冶萍总工会，以及上海、香港、广东、湖南、湖北各代表团，也都在大会上介绍各地各领域工运状况。会议讨论了有关工农运动的共同问题，"轰轰烈烈地做了四件大事"：工农携手实现大联合、加入赤色职工国际、铲除工贼、成立中华全国总工会。大会选举林伟民、苏兆征、邓培、李立三、刘少奇、邓中夏、李森、项英、刘尔崧、何耀全、刘文松等25人组成中华全国总工会执行委员会，林伟民任委员长，刘少奇、刘文松任副委员长，邓中夏任秘书长兼宣传部长，李森任组织部长，孙云鹏任经济部长。大会决定，中华全国总工会作为组织和领导全国工人运动的总机关，设在广州市越秀南路93号惠州会馆，并在上海

中华全国总工会旧址

设立办事处。

第二次"劳大"比第一次"劳大"前进了一大步。大会对工人阶级在民主革命中的领导权问题、工人阶级在民族革命中的地位问题、工人阶级的同盟者问题等，均有明确的认识。大会做的四件大事，尤其是成立中华全国总工会，对全国的工人运动起着积极的推动作用。就在这个月底，上海爆发了震惊中外的五卅惨案。在中国共产党的领导和推动下，北京、广州、南京、重庆、天津、青岛、汉口等几十个大中城市和唐山、焦作、水口山等重要矿区，都举行了成千上万人的集会、游行示威和罢工、罢课、罢市。尤其在广州和香港，举行了著名的省港大罢工。席卷全国的罢工浪潮，不仅将工人运动推向波峰，而且沉重地打击了帝国主义，揭开了大革命高潮的序幕。

第三次全国劳动大会于1926年5月1日继续在广州召开。出席这次大会的代表共有502人，代表全国699个工会组织、124万工会会员。这次"劳大"是在国内革命形势和工运形势面临新的变化之时召开的。此时，国民革命仍在迅猛发展，但国民党新右派正加紧向共产党及国民党左派夺权。国共统一战线内部暗潮涌动，矛盾与冲突日趋激化。在这种情况下召开第三次全国"劳大"，既体现了工人阶级意志集中、团结奋斗以图国民革命胜利的精神，也极大地鼓舞了全国民众的革命斗志。

中国共产党对这次大会十分重视。党中央发出《中国共产党致第三次全国劳动大会信》，对大会的召开表示热烈祝贺。同时，对中国工人阶级也寄予希望，号召"全国工农及一切劳苦群众大团结"，"抵抗一切特权阶级的压迫"。

苏兆征、邓中夏、李立三、赵世炎、项英等出席了大会，邓中夏致开幕辞，刘少奇作《一年来中国职工运动的发展》的报告，苏兆征作关于省港罢工的专题报告，李立三致闭幕辞。刘少奇在报告中指出：中国工人阶级在革命中已发挥了伟大作用，工人运动已有长足发展，事实证明工人阶级在革命中的领导地位是"确凿不疑的"。大会讨论和通过了《中国职工运动总策略决议案》《劳动法大纲决议案》《组织问题与其运用之方法决议案》等18项决议案，并发出各种文电若干份。大会还向广州国民政府递交了《为促进北伐向国民政府请愿书》，表示拥护和支持国民政府出兵北伐，并号召全国工人积极投身和支

第三次全国劳动大会入口处

第三次"劳大"会刊

持北伐战争。大会选举苏兆征、邓培、刘少奇、陆枝等35人为中华全国总工会执行委员会委员，苏兆征当选为委员长。大会在发表《第三次全国劳动大会宣言》后，于5月12日宣告结束，历时12天。

在广州召开的三次全国劳动大会，是中国工人阶级团结奋斗的盛会。三次全国性的大型会议连续在一个城市召开，在中国工人运动史上都是十分罕见的。这是广州的光荣，也是广东的光荣。三次全国劳动大会的召开，不仅促进了广东工人运动的发展，而且对全国工农运动的推动都产生了深远的影响。

## （三）省港罢工卷怒涛，反帝斗争掀高潮

第一次国共合作实现后，广东的工人运动取得合法地位，并得到国共两党的高度重视。国民党中央工人部廖仲恺任部长，共产党员冯菊坡为秘书，专事负责工人运动有关事宜。中共广州地委积极利用这些有利条件，分派大批干部深入各行业工人中去组织工会，加上广州三次劳动大会的推

动，广东的工人运动日见活跃起来。

1924年7月初，广州沙面租界当局颁布"新警律十二条"，对华人作出诸多歧视和侮辱性的规定，并限制华人自由出入沙面。中国人在自己的土地上行走，还要受外国人的限制，真正是岂有此理！沙面华工3000多人不堪其辱，在中共广州地委及广州工人代表会的发动和组织下，于7月15日宣布罢工，要求沙面租界当局取消歧视中国人的"新警律"。这就是轰动一时的广州"沙面罢工"。

"沙面罢工"，得到广东省政府和社会各界的广泛支持。孙中山、廖仲恺等都对这次罢工表示赞赏。罢工发生后，法国驻广州领事致函广东省政府，要求制止罢工。时任广东省省长的廖仲恺复函说：沙面罢工责任不在华方，"全由沙面英法工部局颁布新警律所激动而成"，"查罢工之

"沙面罢工"

举亦各国所恒有，非政府所制止"。这时，英国驻广州领事晋谒孙中山，请求他出面制止罢工。孙中山当面明确表明了自己的态度："华人此次因争人格发生合理循轨的罢工，政府实不能加以取缔，苟或有之，即为剥夺人民自由之违法行为，革命政府决不敢出此。且贵领此次毅然颁布此苛例，其中侮辱国体、人民之处实多。沙面为中国领土之一，外人以居留资格，实无取缔华人权。今幸苛例尚未实行，解铃系铃，还须贵领觉悟。"廖仲恺的函复和孙中山的谈话，合情合理，义正词严，对英法领事来说，无疑是当头一棒！

"沙面罢工"斗争坚持了一个多月，最终迫使沙面租界当局答应取消"新警律"、承认华人外人一律平等，罢工取得了完全的胜利。这次罢工，虽然规模不大，但意义深远，是一次维护正义、维护人格、维护民族尊严、反对帝国主义压迫的政治罢工。它犹如一声报春的惊雷，率先打破了自1923年京汉铁路"二七"惨案以来中国工人运动沉寂的局面，成为工人运动从低潮转向高潮的拐点，拉开了工人运动复兴的序幕。

1925年，全国的工人运动蓬勃发展，高潮迭起。这年5月30日，为抗议日商纱厂资本家枪杀工人顾正红，上海工、学、商、民联合组织宣传队，在南京路一带演讲和示威游行。没想到，游行队伍却遭到租界英国巡捕的开枪射击，打死10多人，伤数十人。南京路上，顿时布满血雨腥风。这就是著名的五卅惨案。

五卅惨案的消息传开，举国震怒。中共广东区委5月31日晚召开党、团员大会，通报五卅惨案的经过，并决定组织"临时委员会"，联络工、农、商、学和青年军人等革命团体举行示威游行。同时，筹划在广东和香港两地举行大罢工，以声援上海人民的反帝爱国斗争。

6月2日，广州各界群众在文明路广东大学操场率先召开声援上海五卅惨案大会，会后了举行大规模的反帝示威游行。稍后，中共中央广东临时委员会（中央驻广东临时代表机构，1925年5月成立，成员有谭平山、周恩来、罗亦农、陈延年和苏联顾问鲍罗廷等，不久自行停止活动）和中共广东区委指派邓中夏、黄平、杨殷、杨匏安、苏兆征五人组成"党团"，作为罢工的指挥机关。"党团"成员深入香港各工会团体，开展宣传发动工作。经过一番努力，香港各工会代表接受了全港总同盟罢工的决议，并成立了以苏兆征为干事局长的"全港工团联合会"，具体负责组织香港工人罢工。与此同时，中共广东区委在广州亦加紧开展罢工的各项工作，决定由冯菊坡、刘尔崧、施卜、李森、林伟民、陈延

年组成"党团",并指派冯菊坡、刘尔崧、施卜到沙面英法

租界再次发动罢工。

6月18日,中华全国总工会致函香港各工团,下达罢工

命令。19日,香港工团委员会发表"宣言",并由海员、电

车等工会工人首先宣布罢工。震惊中外的省港大罢工爆发!

继海员工人之后,印刷、洋务、码头搬运、海陆理货、起落

货、煤炭、邮务、清洁、医务、木匠、打石、牛羊业、果

菜、汽车、旅业、油业、洗衣、皮革、搭棚、油漆、电器等

几十个工会,有20多万工人加入罢工行列,其中10万余人冲

破港警封锁,离开香港返回内地。

大罢工爆发后,香港首先陷入一片混乱。机器停转,

轮船停开,车辆停驶,商务停顿。罢工工人组织的武装纠察

省港大罢工

队封锁各港口、码头，严禁粮食、生猪等运往香港。由于交通断绝，市政、清粪工人罢工，垃圾堆积如山，粪便满街横流，香港顿时变成了"饿港""臭港"和"死港"。再有，因大批外国人雇佣的中国家政工人罢工，昔日那些养尊处优、不可一世、百般奴役中国人的洋大人，不得不自己动手洗衣服、做饭、带孩子，品尝"自食其力"的滋味。工人阶级大规模的罢工斗争，使帝国主义者极为震惊。他们根本想不通向来被形容为"一盘散沙"的中国人，何以能一夜之间就变得这样团结，这样步调一致；他们更怎么也想不通，平时他们所瞧不起的穷"苦力"，竟能迸发出如此强大的震撼力。

6月21日，广州沙面租界3000多中国洋务工人宣布罢工。罢工工人按照预定计划，一致行动、离开沙面，并成立了沙面中国工人援助上海惨案罢工委员会。同时，广州市区英、日、美、法等仓库的工人、洋行工人和外国住宅雇用的中国洋务工人也纷纷参加了罢工。此外，沙面罢工工人还组织了工人纠察队，对沙面实行封锁。他们把守东桥、西桥及沙基沿岸，不许船艇出入。

6月23日，广州、香港两地罢工工人及广州各界群众联合召开援助上海五卅运动示威大会。会后，10万余人举行大游行。但是，当游行队伍途经沙面对岸的沙基路时，沙面

租界英、法军警丧心病狂地
向游行队伍开枪射击，当场
打死52人，重伤170多人。
鲜血染红了沙基路，染红了
沙基涌。这就是骇人听闻的
"六二三"惨案，亦称"沙
基惨案"。

省港大罢工6月23日游行队伍

　　广东各地民众闻悉"沙
基惨案"的消息后，群情激
愤，纷纷集会和示威游行，
痛斥帝国主义的滔天罪行。
在汕头，海员、洋务、运输
等行业工人在中共汕头特别
支部领导下实行罢工，并成
立了100多人的工人纠察队，

罢工示威者

封锁港口、抵制英货，支持省港罢工斗争；全市及各县的青
年学生也纷纷上街宣传和募捐，支援罢工。在海口，青年学
生走出校园、涌上街头，散发传单、当众演说，声讨帝国主
义的罪恶，反对沙基大屠杀……

　　为了更好地领导罢工斗争，工人们在广州组织了罢工工

"沙基惨案"

人代表大会，作为罢工的最高议事决策机关；又选举产生了省港罢工委员会，作为罢工的最高指挥机关，由苏兆征任罢工委员会委员长。苏兆征1922年1月与林伟民等领导了香港海员大罢工，有丰富的罢工经验。省港大罢工期间，他与邓中夏、李启汉等一起，组织、领导罢工工人坚持艰苦卓绝的斗争。苏兆征还兼任财政委员会委员长，负责筹款、保管和支配罢工经费的重要工作。当时，省港罢工委员会每日进出动辄数万元，有时甚至数十万元。虽然财权在手，但他不谋私利、两袖清风、廉洁奉公、严守制度，深受罢工工人的信赖。

罢工初期，省港罢工委员会实行罢工、排货、封锁相结合的政策，宣布禁止所有外国船只进出广东各港口，抵制一切外货外币，并提出"反对一切帝国主义"。随着斗争的不断深入，罢工委员会发觉这一政策有促使各国与港英一致行动、共同对广州实行反封锁、使罢工工人"四面受敌"的可能，为此决定及时调整策略。于是，8月1日通过"特许证"制度，变"反对一切帝国主义"为"单独对英"。具体规定如下：凡不是英货、不是英船及不经过香港、澳门的均可自由起卸，广东境内只要不是英国货、英国船，均可自由贸易和来往；凡存在广州之货，只要不是英国货，而且不是英国人的，均可开仓发卖。后来，为方便商人，罢工委员会进一步简化手续，取消"特许证"，仅以"凡不是英货英船及经过香港者，可准其直接来广州"为原则。调整后的原则，被称为省港大罢工的"中心策略"。

"单独对英"中心策略的调整，有利于从政治上分化、瓦解帝国主义防线，拆散港英与各国的联合同盟，从而进一步孤立、打击港英帝国主义。由于分别对待，各帝国主义国家的反应也很强烈。日本把"单独对英"原则视为取代英国在华势力的大好机会，表示"决不致因援助英国对华之强硬政策，而冒颠倒事物之险"；日、美、法、德各国轮船公司纷纷向省港罢工委员会申请与广州通航；美、日各国公司陆续领证复业，原来设在香港的商行，也迁入广州开业。自此之后，外商（不包括英商）与广东的经济贸易日趋正常，这对港英则是沉重的打击。正如邓中夏在《中国职工运动简史》中所说的："在这个中心策略之下，解除广东经济的困难，保持广东商人的中立，拆散帝国主义的联合战线，最后还促进广东经济的独立发展，使这个伟大的罢工，得以坚持如此长久的岁月，就是由于这个中心策略之正确。"

面对蓬勃高涨的罢工运动，香港总督史塔士主张以强硬手段来处置，并夸下海口：誓在其任内亲自解决之。然而，在全国尤其是广东人民的大力支持下，在广大罢工工人团结一致的斗争面前，史塔士却束手无策、毫无办法，最后只好被英国政府以"办事不力"而解职。这位被称为"铁血人物"的洋大人，为世人留下的是一个大大的笑柄。

新接任的港督金文泰，一开始也踌躇满志，以为事态很快就会平息。他对罢工工人的要求不以为然，置之不理，蛮横地拒绝工人们提出的复工条件；还拖延谈判、破坏谈判，甚至单方面宣布停止解决罢工的谈判。为此，中共广东区委于1926年2月间发动留港的工人、市民掀起第二次罢工浪潮，又有一万多人离港返回内地。同时，广州工农商学各界民众也发起第二次"援助罢工周"，共有10万人示威游行。群情激昂，罢工斗争呈现"白热化"形势。

1926年7月，国民革命军誓师北伐，革命重心逐渐向北转移。省港罢工工人坚决支持北伐，组织了运输队、卫生队、宣传队、交通队、慰劳队等随军出征。在北伐途中，罢工工人牺牲上百人。为了集中力量支援北伐，巩固广东革命根据地，全国总工会、中共广东区委、省港罢工委员会商量研究，认为在维护工人利益的原则下，必须采取主动步骤结束罢工。9月30日，省港罢工工人代表大会经过充分热烈的讨论，从中华民族利益的大局出发，一致同意并通过了关于改变斗争策略、停止封锁、结束罢工及善后办法等决议。大会要求广东国民政府征收新税，作为结束罢工后津贴罢工工人的费用，并安排工人工作。大会还决定，罢工结束后所有罢工机构和纠察队全部保留，以保障罢工工人的利益。

10月10日，中共广东区委发表《为省港罢工自动的停止封锁宣言》，省港罢工委员会也发表《停止封锁宣言》。这一天，广州30多万民众举行盛大集会，一致拥护省港罢工委员会作出的关于停止封锁、结束罢工的决定。至此，省港大罢工宣告结束。

省港大罢工前后坚持了长达一年零四个月的时间，罢工工人总数高达25万。罢工的规模之大、历时之长、声势之壮、涉及面之广，在中国工人运动史上是空前的，在世界工人运动史上也是罕见的。省港大罢工和广东工人运动的发展，充分体现了中国工人阶级的斗争精神和伟大力量，是大革命时期中国工人运动洪波巨浪中的最高峰。

# 五 广东妇女解放协会
与妇女运动的开展

中国共产党成立后，非常重视妇女运动和妇女解放事业。1922年的中共二大就通过《关于妇女运动的决议》，提出"妇女解放是要伴着劳动解放进行的，只有无产阶级获得了政权，妇女们才能得到真正解放"。大革命时期，广东的工农运动如火如荼。而随着革命的高涨，广大妇女也参加进来，成为工农运动的重要组成部分。

## （一）成立省妇协，撑起"半边天"

国共合作后，建立了联合的统一战线。国民党中央设妇女部，由曾醒任部长，后为何香凝，共产党员蔡畅、高恬波任干事。中共广州地委大力发动各界妇女参加革命运动，积极开展各种形式的反帝反封建斗争。

1924年3月8日，广州召开纪念"三八国际妇女节"大会。中国共产党积极组织和参与纪念"三八妇女节"活动，希望通过这个平台走进妇女群众中做革命宣传，使城市妇女（包括女工、女学生等）能够明白她们目前所处的环境及所受的压迫与痛苦，从而团结最广大的妇女群众。这次会议的规模很大，参加者有妇女团体、女学生及女工共约千人。国民党中央妇女部负责宣传工作的何香凝（8月中旬开始任部长）主持大会并作了演说，号召妇女团结起来参加打倒帝国主义、封建主义的革命斗争，争取民族解放和妇女自身解放。大会提出了"解放妇女所受资本制度的压迫""男女平等""要求妇女劳动权、平等教育权、平等工价权、女子参政权及一切妇女应得之权""要求女工保护、生育保护、儿童保护的立法""排除纳妾及一夫多妻制""八小时工作""革除童养媳制度，禁止蓄婢纳妾""废除娼妓"等多项主张。会后举行游行示威，很多妇女和学生沿途演讲，散发传单，宣传"三八妇女节"和妇女解放的意义，轰动了广州城。上述观点和口号的内容很贴近城市女工的生活，能够引起女性同胞的共鸣，这也是纪念活动能够赢得广大女性群众的一个关键点。这次广州召开的纪念"三八国际妇女节"大会，是中国历史上第一次"三八节"纪念活动，对唤起妇女觉醒、争取妇女权益、谋求妇女自身解放起到了推动作用。它的影响迅速传遍广东地区，其他各地也纷纷组织活动纪念"三八节"。

这年夏天，广州党组织还推动成立了广州电话局女司机联合会。电话局是广州重要的市政企业之一，有女司机（即话务员）一百多人。可是资本家付给女司机的工资却只是男工的四分之一，还经常借故对女司机进行罚款。这种男女员工不平等的待遇，渐渐引起大家的不满。女司机为维护自身利益，在共产党员谭竹山、马少芳等带领下发起成立广州电话局女司机联合会，却遭到电话局当局的反对和破坏。当时电话局局长陆志云不准女司机组织工会，还把发起组织工会的谭竹山、马少芳开除。这事引起电话局女性工人的强烈不满，于是"在广州工人代表会的鼓舞及支持下开展女司机罢工斗争，并通过博爱社把陆志云禁止女司机组织工会、开除积极分子的非法行为向社会揭露"。由于开除工人违背了国民党扶助农工的政策，陆志云怕传出去对其名声不好，便有要谭竹山、马少芳两人复工的意思。谭竹山、马少芳她们根据中共广州地委的指示，在复工时提出了六项条件：局长要向大家道歉；被开除的要升一级工资；保证今后不发生类似事件；允许工人组织工会；对工人不许随便处罚及记过；复工要开欢迎大会。电话局除第一项外，其余五项条件都接受了。这次反抗斗争及其取胜，让女工们看到了自己的力量，也进一步增强了团结起来的愿望。11月，广州电话局女司机联合会（简称"女司联"）正式宣告成立，谭竹山担任主任，会员有100多人。第二年，"女司联"加入了广州工人代表会，成为广州工人运动的一支有生力量。"女司联"成立后，广东区委书记陈延年非常关心它的活动，亲自指导谭竹山等人做好团结教育女工的工作。

1925年1月，中共四大在上海召开。大会讨论通过的《对于妇女运动之议决案》，要求"本党妇女运动应以工农妇女为骨干，在妇女运动中切实代表工农妇女的利益，并在宣传上抬高工农妇女的地位，使工农妇女渐渐得为妇女运动中的主要成分"。这就进一步明确了在妇女运动中，党的依靠力量是劳动妇女。中共四大还提出了许多妇女解放的口号："男女社会地位平等""男女教育平等""男女职业平等""男女工资平等""结婚离婚自由""反对大家庭制度""打破奴隶女性的礼教""反抗良妻贤母主义的女子教育""女子应有财产权与承继权""女子应有参政权""赞助劳工妇女""保护母性"，等等。

为贯彻落实中共四大精神，广东区委决定加强妇女工作，成立广东妇

中共四大通过的《对于妇女运动之议决案》

女解放协会，争取更多妇女投入革命运动。"三八节"这一天，由广东省新学生社女社员发起，广东区委派夏松云负责筹备工作。1925年5月10日，广东妇女解放协会（简称"妇协"）召开成立大会，通过了宣言和纲领，宣告正式成立。宣言指出："现在资本制度的社会，无论是法律、是政治、是教育，都是替资本主义卖力气，社会完全建筑于资本主义之上，所以我们不将这个组织完全推翻，我们是梦想不到平等、解放的，于此我们妇女要求解放，并不是平空地可以达得到的，必要先将我们组织起来，严密我们的阵线，对压迫者下总攻击"。可见，广东妇协已跳出了女权运动的狭隘圈子，把争取自身解放和争取社会解放的斗争联系在一起，"找到了妇女解放的根本途径"。宣言对劳动妇女的解放给予特殊的关注，还提出了实行八小时工作制和其他维护女工

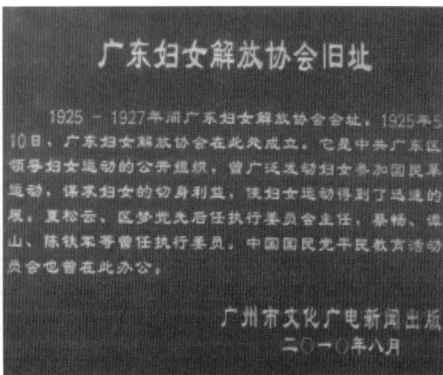

广东妇女解放协会旧址，今广州市越秀南路194号

利益的口号。

妇协先后由夏松云、区梦觉任执行委员会主任，委员还包括蔡畅、王一知、袁溥之、冯明光、谭竹山、陈铁军等。邓颖超也参加了妇协的工作，何香凝和鲍罗廷夫人任妇协顾问。妇协出版定期刊物，初名《广东妇女解放协会会刊》，

广东妇女解放协会宣言

后相继改名《光明》《妇女生活》。妇协是一个由中共广东区委直接领导的、全省性的、公开的妇女团体，为全省妇女运动的大发展打下了组织基础。它以女学生、女工、农妇等为发展对象，以争取妇女解放为宗旨，撑起了女性这"半边天"。

## （二）建立妇协分会，推进妇女运动

1923年6月广州召开的中共三大，通过的《妇女运动决议案》特别提出全国妇女大联合和打倒军阀、打倒外国帝国主义两个国民革命运动的口号，要求"引导占国民半数的女子参加国民革命运动"。此后，国共两党携手合作，建立革命的统一战线。1925年中共四大通过的《对于妇女运动之议

决案》，继续充分肯定妇女运动的作用，强调指出"中国妇女是民族革命运动的重要力量"。

在中共广东区委领导下，妇协积极执行国共合作的方针。邓颖超、蔡畅、高恬波、谭竹山、冯明光等以国民党特派员身份，推动、帮助各县成立妇协分会，开展妇女工作，培养妇女干部。1925年6月7日，海丰首先成立了妇协分会，进一步把女工、农妇和女学生组织起来。妇协建立以后，在发动妇女加入农会组织、参加反土豪劣绅斗争中发挥了重要作用。第二次东征后，1925年11月，邓颖超作为国民党广东省潮梅特别委员会委员被派到潮梅开展妇女工作。她在梅县发动女学生参加妇女解放协会，从事国民革命。广东妇协梅县分会很快成立，还创办了《梅县妇女》杂志。接着她又到汕头、潮安，组织成立了国民党汕头市党部妇女运动委员会和广东妇女解放协会汕头分会、潮安分会。1926年"三八"节，邓颖超在汕头千余妇女的庆祝大会上介绍了"三八"略史，对汕头妇女运动提出了希望，还邀请东江各属行政委员周恩来出席会议并作了生动演说。周恩来指出："妇女运动并不是联合女性而向男性的进攻，妇女受压迫的根本原因不是男性压迫女性，而是旧礼教旧思想旧历史束缚"，因而"妇女运动是制度的革命"。他还非常幽默地说：并不是因

为我是个男人才这么说，事实确实如此。他的讲话把群众情
绪推向高潮，给到会者留下了深刻的印象。在邓颖超的推动
下，揭阳、澄海等地也纷纷成立妇协分会。随后建立妇协分
会的还有韶关、惠州、顺德、新会、琼崖、东莞、高要、广
宁、茂名、合浦、乐昌、宝安、仁化、遂溪、陵水、琼山、
儋县、乐会、万宁等地。到1926年5月，妇协成立一周年之
际，广州各机关、学校有支部18个（广州市的组织称支
部），会员千余人；各地分会20余个，会员达两千多人。妇
协，已经成长为一个"较有组织、有群众之妇女团体"了。

---

**邓颖超**

　　邓颖超（1904—1992年），河南省
光山县人，周恩来夫人，伟大的无产阶级
革命家、政治家，中国妇女运动领导人，
曾任全国妇联副主席、名誉主席。她是20
世纪中国妇女的杰出代表，也是中国妇女
的骄傲，在国内外享有崇高声誉，深受全
党全国人民的尊敬与爱戴。

　　各地妇协组织建立起来以后，在党组织的领导下，主要做了以下工作：第一，大力开展维护妇女切身利益的斗争。妇协通过各界妇女团体和各种集会，提出许多保护妇女权益的建议或"决议案"：实现男女平等，女子有选举权、被选举权和财产继承权，禁止纳妾与蓄婢，结婚、离婚绝对自由，保护被压迫而逃婚的妇女，男女同工同酬，提高女子教育，等等。1926年1月，国民党二大通过了《妇女运动决议案》，反映了各界妇女的要求。5月国民党二中全会召开时，有80多个妇女团体联合署名，督促国民政府迅速实行《妇女运动决议案》。

1926年1月，宋庆龄到广州出席国民党二大时，同广州妇女界代表及部分女校师生合影。前排右六为宋庆龄，右四为何香凝

　　第二，积极投身火热的革命洪流。有了组织的依托，广

1926年，广东成立北伐女子救护队。图为部分队员合影

大妇女充满了信心和勇气。她们利用女性自身的优势，在宣传、募捐、教育、联络、医疗救助、卫生健康、后勤保障等方面充分发挥特长，为革命事业做出了重大的贡献。尤其是在支援省港大罢工、支持东征南征和北伐战争、开展农妇运动、谋求妇女运动的统一、援助被婚姻迫害的妇女等项斗争中，女性同胞表现积极、勇往直前，从而得到社会各界的高度信任和广泛认可。

第三，力促广东妇女统一运动。为了广泛发动和团结妇女投入国民革命运动，以求得社会的解放和妇女自身的解放，根据中共广东区委指示，广东妇协开展了妇女统一运动。妇协提出，妇女运动应有统一的妇女团体，要成立统一的妇女组织。何香凝、宋庆龄支持妇女统一运动，呼吁从速组成广东各界妇女联合会。为了迅速促成广东妇女运动的统一，广州市各妇女团体组织了万余名妇女，在1926年"三八节"这天举行纪念大会，决定筹备成立广东各界妇女联合会。大会通过的《统一广东妇女运动的决议》指出："妇女运动是革命运动的一部分，应该有系统的、统一的妇女运动……革命妇女的势力才得以集中……以期达到共同解放的目的"，"应谋广东各妇女团体之联合，应使广东妇女运动统一起来，以开统一全国妇女运动之先声"。5月14日，省妇协召开第一次代表大会，也作出了组织各界妇女联合会的决议。这表明，广东妇女运动进入了一个新的阶段："不但已走上打倒帝国主义的战线，不但注意对外的奋斗，尤其注意进行严整的队伍与组织的统一"。代表大会还通过了《援助被婚姻压迫女子的议决案》，充分重视妇女的切身利益和要求，为在旧婚姻制度压迫下的妇女伸张正义，强调要尽力帮助受婚姻压迫的女子。经过深入的宣传发动与充分的筹划准备，广东各界妇女联合会于1926年8月6日召开成立大会，初步实现了广东妇女运动的统一。

## （三）支援省港罢工，多方保障有功

如前所述，妇协成立后，积极投身火热的革命洪流。1925年6月23日，广州10万人举行反帝示威大游行时，省妇

省港罢工纪念馆，今广州市越秀区东园横路3号

协组织了300多名会员，连同车衣女工会、电话局女司机联合会、草鞋工会、洋务工会的女工，以及机关女职员、家庭妇女，和广东女界联合会、女权运动同盟会的成员，妇女界共有千余人参加。"沙基惨案"发生后，省妇协发表《为沙基惨案敬告同胞书》，痛陈帝国主义疯狂屠杀中国人民的罪行，历数上海、青岛、汉口、九江同胞被杀的事实，号召妇女姊妹们："不要害怕，不要畏怯，继续努力，继续前进，联合世界一切被压迫者打倒帝国主义"。在中共广东区委妇委和国民党中央妇女部的领导下，省妇协和其他妇女团体为省港大罢工做了很多工作。

第一，积极进行募捐，解决生活困难。香港罢工工人回到广东的高达13万，除一部分回到农村外，留在广州的有近10

万人。其中约有1万人是女工和工人家属。国民政府财政部长廖仲恺呈请政府封闭了一些妓院、烟馆、赌馆作为工人的宿舍，还拨了东园给罢工委员会，免费供应饭食。但罢工工人生活还是十分困难，他们离港时，港英当局限定每人只能带6元钱，穿一身单衣。为了使罢工坚持下去，广州成立了各界对外协会为罢工工人募捐，由省妇协张婉华任募捐部主任。她向国内外发出捐款册，管理着大宗捐款。同时，张婉华还负责何香凝组织的慰劳会的募捐活动，发动学生向行人售花、售旗募捐，捐款也交到对外协会，然后统一交罢工委员会财政部支配。妇协和国民党中央妇女部还组织募捐义演，有的农妇把卖鸡蛋和柴草的钱都捐出来表示对罢工工人的支持。

为了解决工人的实际困难，在中国共产党的倡议下，国民党中央妇女部还在广州开办罢工女工传习所，内设草鞋厂、缝纫厂和制衣厂。香港女工多是洋务工人，为外国人带孩子、做家务，没有什么技术专长，妇协就派人手把手地传技术。何香凝还经常晚上到这里来和女工交谈，鼓舞她们进行斗争。她还亲自去找各军军长商谈，请各军订购草鞋，使销路有保证。

第二，开办补习学校，组织女工学习。罢工期间，各妇女团体纷纷开办学校，组织女工学习。1925年11月，省妇协

草鞋厂女工罢工游行，支援省港大罢工

创办劳工妇女补习学校。妇协委员蔡畅、区梦觉、陈铁军、高恬波等人都在这里讲过课。学生有五六十人，文具、书本由妇协免费发放。同时，在蔡畅提议下，何香凝还用国民政府经费为罢工女工和工属开办了妇女夜校和劳动子弟学校。女工们白天参加生产，晚上到夜校学文化，人人情绪高昂。蔡畅特别要求妇委委员和妇协的女共产党员都到妇女夜校去当教师，包下妇女夜校的全部工作，"把夜校当作宣传群众的阵地"。通过反复宣传教育，女工和工属不但有了文化，而且大大提高了政治觉悟。有些女工自愿加入中国共产党，如周冷波、陈慧清等；一些年纪小的女工，如邓金娣、罗大妹等则参加了共产主义青年团。

蔡 畅

蔡畅（1900—1990年），湖南双峰县人，无产阶级革命家，中国妇女运动的领袖，全国妇联第一至三届主席、第四届名誉主席。

第三，召开省港女工大会，制定保护女工的法律。省港罢工期间，工人代表在罢工委员会行使领导权，处理罢工期间的一切工作。其中女代表约占1/10，她们在罢工委员会的工作中得到了锻炼和提高。省妇协也以援助罢工作为主要工作，培养了一批女工和知识妇女。区梦觉、陈慧清、陈铁军、区夏民、周冷波、宋维真、宋维静、谭竹山、沈学修、廖奋牺等就是当时涌现的妇女骨干。她们工作认真负责，还积极推进法律的制定，有效地维护了妇女的权益。

省港罢工期间，劳动妇女迫切要求解决劳动保护问题。广州和香港的女工主要集中在洋务、织造、卷烟等行业，她们每天工作时间长达12～14小时，有的甚至16小时。工资却十分低微，还经常被克扣。到了生产的淡季，女工往往还会被解雇。她们迫切要求政府立法来保护自己的合法权利。

为此，省妇协与香港的进胜崇俭女工会、广州电话局女司机联合会等联合发起，筹备省港女工大会。1926年3月30日，省港女工大会在国民党中央党部礼堂召开。到会女工约800人，代表着40多个团体。国民党中央党部妇女部代表刘蘅静、省妇女部代表李慕贞、市妇女部代表马淑芬、省妇协主任区梦觉、中华全国总工会代表刘少奇、国民党中央工人部代表冯菊坡、俄国大使马马也夫的夫人等到会祝贺。经过代表们的热烈讨论，通过了制定新工厂法和女工保护法两项提案。《新工厂法》旨在废除工厂中压迫女工的各种不合理制度，制定符合女工利益的新法规。《女工保护法》则要求制定保护女工利益的具体条文，如男女工资平等、女工生产前后工资照发等。这是女工为争取劳动立法而召开的大会，在中国妇女运动史上是第一次，标志着女工的新觉醒。大会还提出了"对省港罢工案"，表示拥护省港罢工直至胜利。大会提案被1926年4月1日召开的广州工人代表大会完全接受。

省港大罢工是大革命时期工人运动的高潮，罢工女工作为中国工人阶级的一部分，也愈发意识到自身的重要性。中国共产党非常注意维护广大女工的利益，在罢工期间通过省妇协给予女工诸多帮助。妇协成员和女干部积极工作，她们走进女工群体中，解决女工的实际困难，不仅支援了罢工斗争，而且扩大了中国共产党的影响。

# 六 工农运动与北伐战争

大革命时期，国共携手合作，建立了革命的统一战线。两党合则两利，黄埔军校和农讲所都办得非常成功。尤其是北伐战争的胜利进军，更是将大革命推向高潮。然而，统一战线最终破裂，国民党右派背叛革命，大肆屠杀共产党人和革命群众。大好的革命形势，从高潮跌入了低谷。

## （一）工农群众齐上阵，北伐胜利有保证

1926年7月，国民革命军正式出师北伐。31日，中共中央发出"通告"指出：北伐战争"是制止反赤运动的战争，是为民众争自由而战，应该由民众积极地起来推动这个北伐，响应这个北伐"。"通告"还特别指出：广东党组织应立即发动民众赞助北伐，同时，要保护民众的自由和利益。遵照中央"通告"精神，广东区委积极组织工人、农民、学生、商人、妇女等，以实际行动支持北伐。

北伐军大军出动，急需大批人员搬运武器、弹药和各种军需物品。为此，中共广东区委大力发动工人、农民踊跃参与这项工作。在区委的领导下，省港罢工委员会成立"北

伐运输委员会"，"设委员七人，专门办理罢工工人担任北伐运输事宜"，罢工工人被"转送各军运输者，先后为数总计三千四百余人"。全省各工会还联合组织了一支有2万多人参加的军需运输总预备队。时值盛夏，参加运输队的工人们冒着酷暑、忍饥挨渴，挑着重担跋涉于崎岖山路，日夜兼程，其艰辛劳苦情形可想而知。不少工人因劳累致病、致伤，甚至牺牲了生命。

为了支援北伐战争，中共广东区委和全国铁路总工会发动粤汉、广九、广三铁路工人组织北伐铁道交通队，随军服务。当北伐军向湖北进军时，暴雨成灾，洪水猛涨，湖南汨罗车站一带路基被冲陷，桥涵毁塌。北伐铁道交通队经过三昼夜奋战，将该段铁路完全修复。汀泗桥战役时，铁道交通队奉命"两三日修好出轨跌坏之车头，以利进兵攻鄂"。

北伐工农运输队

"粤汉铁路交通完全恢复，均仰赖铁路队之功劳"。铁道交通队还紧随作战部队行动，在枪林弹雨中或抢修铁路，或破坏敌区铁路，或抢夺敌军机车。当北伐军在南浔路作战时，铁道交通队队员"化装潜入敌境，破坏铁轨，使敌不能运兵"。"其勇敢精神，尤堪叹服。"为表彰北伐铁道交通队，广九铁路总工会于12月19日在广州举行欢迎该队凯旋大会，中共广东区委派杨殷到会慰劳，国民政府也对该队在北伐中的贡献予以传令嘉奖。

北伐出师之时，广东各界妇女也组织成立北伐女子救护队和北伐宣传队随军出征，到各战场为北伐军服务。北伐女子救护队由共产党员高恬波任队长，她们一方面救治伤病员，另一方面帮助所到之处组织农协或妇协。这不但为北伐

北伐女子救护队在战场上抢救伤员

战争的胜利做出了重要贡献，而且扩大了妇女运动的影响。女子救护队和女子宣传队勤恳诚挚的精神与作风，"为社会人士所钦佩"。

在北伐军经过的粤北、粤东地区，党的地方组织也发动民众开展了一系列支援活动。在粤北，早在革命军誓师北伐之前，省农民协会北江办事处就已号召"北江边陲之乐昌、连县、南雄、始兴等县农民，急宜从速严密组织起来，以便伸张国民革命势力于中原"。北伐开始后，地处粤、赣、湘交通要冲的各县民众热情迎送途经该地的北伐军将士，大批农民参加了支前工作，"协助北伐运输，随军效力者不下万人"，仅曲江就有3000多人。南雄农民协会则纷纷捐款，购买衣物、粮食支援北伐军。在广东发行的支援北伐500万元公债中，粤北全区认购了40多万元。

在粤东，中共汕头地委1926年7月28日领导成立了北伐青年工作团汕头分团，由共产党员徐琛、余哲贞负责。9月，驻潮梅的革命军第一军作为东路军出师福建，汕头分团随军入闽，沿途向工农群众宣传北伐的意义，发动民众支援北伐军。汕头市罢工委员会组织了两个运输大队，分别由共产党员彭丕、曾汉臣任队长，为东路军运送军需物品。东路军入闽时，师行所至，民众敞开门户，箪食壶浆，"茶水、米粥一桶桶搬出来慰劳"。有的主动让出房屋给北伐军住，有的热情帮助部队招雇挑夫，还有的自愿为北伐军探路、送情报、抬担架等。当时恰遇秋旱，韩江水浅，船只运输困难。中共潮安县委动员青壮年工人、农民3000多人为东路军挑粮秣、运弹药。潮汕党组织还发动民众以举办游艺会、义演、义卖、劝销公债等方式，为北伐军筹款。尤其是，潮安县总工会、青年同志会、妇女协会、学生联合会、商会、黄埔军校潮州分校政治部等团体联合组成潮州农工商学兵革命大同盟，于8月12—14日举行援助北伐军募捐游艺大会。会上，群情踊跃，争相慷慨解囊。25—31日，汕头各界也举行了同样的游艺大会，收到了良好的效果。共产党员吴文兰、余哲贞还参加了募捐团前往各区劝捐、募捐，为北伐军筹募军费。在广东发行的第一期支援北伐的500万元公债中，潮梅民众就认购了200多万元。东路军攻克福州后，汕头各界民众组织前敌军人慰劳会，派出工界代表共产党员刘琴西等前往慰劳。

北伐期间，广东各地在党的地方组织的发动之下，均不同程度地开展了各种形式的援助北伐军的活动。广东区委还部署省港罢工工人纠察队和各地农民自卫军，积极协助政府围剿土匪、肃清匪患、维持治安、巩固广东革命根据地，为北伐战争的胜利进军解除后顾之忧。

## （二）爱国爱乡有传统，捐款捐物显无私

大革命时期，中共广东区委还管辖南洋地区的党组织，经常派党员到海外活动，做华侨的工作。1925年4月，区委曾派党员黄昌炜到南洋"经营商业"，开展党的活动。1926年5月，广东区委又派周泽煊、曾觉然、郑庭杏等赴南洋开展工作，并指定周泽煊为南洋地区党的书记。国民党中央执行委员会海外部成立后，共产党员许苏魂任该部秘书。

华侨素有爱国爱乡的传统。他们虽然远离故土，寄身异域，但时刻眷念祖国，关注祖国的前途与命运。因此，华侨被孙中山誉为"革命之母"。北伐期间，广东区委主要通过国民党中央海外部开展华侨工作，积极动员海外华侨援助北伐。

6月，国民党中央海外部提议："请通电海外各党部，召集该地区华侨团体，组织北伐后援会。"国民党中央常务会议批准了这一提议。7月10日（国民革命军誓师北伐翌日），中央海外部和华侨协会在广州联合召开华侨北伐后援会成立大会。许苏魂当选为宣传部长，主持编辑《华侨与北伐专刊》。华侨北伐后援会是旨在集中华侨人力、物力、财

力、智力支援北伐的爱国团体，它的成立推动了各地华侨援助北伐运动的开展。

华侨北伐后援会成立后，中共广东区委派党员项与年、戴平万等到海外各地，以国民党中央海外部名义开展华侨工作。他们帮助各地华侨成立北伐后援会分会，发动侨胞募集款项、购置军用物资，支援北伐战争。

在国内革命运动的影响和华侨北伐后援会的推动下，各地华侨的爱国热情被大大激发出来，他们纷纷以实际行动支持北伐、援助北伐。不少华侨领袖联名致电国民政府，承诺："愿以实力援助，以冀救人民于水火，而使中国早日统一。"旅日华侨团体发表赞助北伐的通电，表示："对于此次北伐，自当聊尽绵薄，作实力之后援，以尽国民分子之责任。"广大侨胞竞相捐款、捐物，为北伐军筹集军费。

在东南亚地区，南洋荷属华侨联合会下的各埠华侨团体踊跃为北伐捐募，仅1926年10月就汇出1万多元。旅居安南（越南）河内的华侨，一次汇回港币1800余元，其中"工人方面占全数的三分之一"。暹罗、缅甸等地的华侨也纷纷汇寄款项回国。需要特别指出的是，梅县籍华侨吴辉珍在爪哇当木工，收入甚微，10月间他回国途经汕头时，听闻北伐军在前线浴血奋战，虽"旅费并非丰裕"，但立即向革命军捐

陈耀衢代表旅暹华侨为北伐捐献的两架飞机

款。吴辉珍的举动受到国民党广东省党部的表彰。

　　在北美洲，美国、加拿大、墨西哥等地的华侨对国民政府北伐"咸抱极大希望"，于是积极行动起来踊跃捐赠。美国纽约、费城、圣弗朗西斯科（即旧金山）的华侨北伐后援会大力为北伐军筹措军费，仅圣弗朗西斯科华侨一次电汇回国的捐款就达22600余元；加拿大华侨立即通过万国宝通银行等汇回捐款数千元；墨西哥华侨北伐后援会一成立，就"电汇第一批援助军饷五千元"。

在拉丁美洲，古巴华侨几乎都是广东籍的，其中台山籍的占40%左右。他们多数经营杂货店、西餐馆、洗衣馆和旅馆，有些是小商小贩，虽收入微薄，但爱国热情不减。古巴侨胞踊跃解囊，乐于捐献，在古巴华侨北伐后援会支会成立当天开展的筹募活动中，就捐款2000多元。在其他各埠，侨胞也"闻风响应"，"故未匝月，连汇款3次，每次皆有2000元"。

在南美洲，秘鲁的华侨也成立了旅秘华侨北伐后援会，积极为北伐募捐。

据不完全统计，仅1926年9月和10月，由国民党中央执行委员会海外部代转的华侨捐款就有毫银8.2万余元，港币2.8万元，金镑273镑，不经海外部而直接汇寄回国的捐款尚未计在内。至12月，海外华侨捐助的北伐军饷多达100万大洋，占北伐军费开支的半数以上。

除捐助军费外，越南华侨还筹集巨款从法国购置军用铁甲车一辆，由大中华轮船运回广州，送交国民政府，"以为北伐之助"。美国芝加哥华侨还设立了三民航空教导院，训练准备回国服务的驾驶与修理飞机的人才。还有许多华侨航空专家也志愿回国参加北伐战争。各地华侨青年还组织华侨炸弹敢死队、北伐军海外工作团、华侨特别宣传队等团体，参加北伐前方与后方的各项工作。可见，北伐战争的胜利进军，与广大华侨的无私奉献与倾力支持是密不可分的。

## （三）统一战线出裂痕，工农运动现危机

1926年上半年，蒋介石接连制造"中山舰事件"和"整理党务案"，引起国共关系紧张和民众疑虑，广州上空阴云笼罩。北伐开始后，在战争大局的制约下，这种气氛有所缓和。这时，广东工农商学代表提出解决省港罢工、组织劳资仲裁机关、加紧剿匪、整饬吏治、废除煤油专卖、注意建设事业和教育事业等七项要求，国民党中央政治委员会表示完全接受，并以政府命令的形式予以公布。这一态度在一定程度上取得民众的好感。广东区委宣传部长张太雷就此发表评论说："前两个多月中社会上那种紧张的空气现在骤然舒缓下来了"，"不展的愁眉已经放开了"。

1926年3月20日，蒋介石调动军队宣布戒严，断绝广州内外交通，扣留中山舰，逮捕舰长李之龙，包围省港罢工委员会，收缴其卫队枪械，驱逐黄埔军校及国民革命军的

共产党员，是为"中山舰事件"。"中山舰事件"是蒋介石破坏国共合作、夺取革命领导权、蓄意打击和排斥中国共产党的政治事件。

中山舰

随着北伐战争的胜利进展，两湖、江西很快为北伐军占领，革命风暴由珠江流域迅速推进到长江流域。国民革命的重心也逐渐向北转移，广东遂从革命的中心变成北伐的后方。这时，广东政局与形势也发生重大变化。由于大批共产党员、共青团员和工农骨干分子都参加北伐，党内许多领导干部也先后调离，革命力量明显减弱，而反动分子和右翼势力乘机加紧了对国民党党务、政权和军队的控制，广东革命形势步步逆转。孙中山的革命政策被逐步抛弃，工农运动备受压制。国民党右派、反动军官、地主民团等携起手来，复又压迫工农运动。工人、农民和城市平民的反抗斗争不但得不到政府保护，反而遭到镇压。

工人运动方面，反动势力或是利用政权，通过颁布各种各样的法规、条例、布告等限制工人运动；或是唆使工贼和御用工会向工人运动实行反扑。北伐战争刚开始，蒋介石就以国民革命军总司令的名义发出布告，以北伐为名，公开限制工人运动，规定凡"遇有结队持械、游行市中者，应以武力制止，并将其棍械及武器一律扣留没收"；如遇"纠党寻仇格斗者，立即严拿为首滋事之人，以军法从事……"。1926年12月6日，国民党中央政治临时会议作出决议。该决议在关于工会纠纷问题方面，规定"严禁工人持械游行"，并对工人运动作了诸多限制；在关于拥护革命利益及保障北伐后方公共生活安全问题中，规定："在公共生活有关系之事业中……一律不准罢工"，"如发生争执时，仲裁委员会之裁判绝对有效，由政府强制执行"。15日，广东省政府通令全省工、商各界严格遵守上述决议，同时还拟定《广东省暂行解决工商纠纷条例》，明目张胆地袒护资本家，严重损

广东国民政府限制工农运动

害甚至牺牲工人的利益。

在这期间，国民党右派公开扶持黄色工会，分裂工人运动。"中山舰事件"前，广东工人组织虽然存在门户之别，但在左派当权的情况下，工人队伍总体上是能够一致对敌的。中共广东区委发起的统一工会运动，取得了明显成效。而"中山舰事件"后，国民党右派则大力扶持为他们所控制的工会（黄色工会），对革命工会采取压制的政策。黄色工会于是有恃无恐，气焰嚣张，到处寻衅滋事，对革命工会进行报复，甚至动用刀枪大打出手，制造了一桩桩骇人听闻的流血事件。于是，广州的工人运动陷于分裂状态。广州工人代表会（由中共广东区委领导）所属的各工会，经常遭到武力攻击。国民政府北迁武汉后，事态更为严重。1927年1月2日，为右派所控制的广东机器工会派暴徒200多人分路袭击粤汉铁路总工会，当场打死工人6名，打伤10余人。第二天，机器工会又出动几百人分路袭击广三铁路总工会，打死工人4人。广州工人代表会发表声明对上述血案提出强烈抗议，要求广东当局严惩肇事者，而广东政府竟置若罔闻。不仅如此，每当反动工会挑起事端打击革命工会时，还总能得到政府当权者的包庇和袒护，拥护国民革命的工人群众及其组织则备受摧残，横遭压迫。

右派势力在公开压迫工人运动的同时，还支持资本家无理解雇工人。1927年1月，曲江县商会提出："旧历年初二，各商店雇主有任免工人的自由"。这实际上推翻了国民政府原来"东家不能任意开除工人"的规定，显然是在保护资方利益而牺牲工人利益。此案由广东省实业厅转呈广东省政府，竟获得批准，并于3月25日由国民党中央政治会议广州分会明令公布实行。这样，随意辞退工人的"无情鸡"旧例遂合法化，5000多名工人在此期间被无辜解雇，工人的政治权利和经济利益都受到极大的损害。

农民运动方面，在国民党右派的怂恿和支持下，各地土豪劣绅、民团大举进攻农会，杀害农运骨干和农民自卫军成员，恶性事件层出不穷。北伐开始后，广东各地的地方官吏"往往拿出北伐招牌，来剥削人民利益和限制人民自由，尤其是农民最受他们的威吓，农民一举一动，甚至鼾声大些，也要说是妨碍北伐后方"；他们向农民勒派公债，农民倘若不交，就被扣上"反对政府北伐"之罪名；农民开会，被诬为"聚众滋事"；农民反抗民团的进攻，被说是"扰乱北伐后方"。从1926年下半年开始，广东"各县的县长，没有一个没有一天不攻击农会"，均充当了破坏农民运动的急先锋。这些"县太爷"肆无忌惮地压制摧残农会，此呼彼应，步调一致，"好似他们曾经在一块儿开过大会，彼此约定了要取一致的政略一样"。

为破坏农民运动，"县太爷"们有的对反动势力摧残农民视若无睹，不闻不问，其辖区内农会送来的报警、告急公文，"一到县公署，便如泥牛入海，消息全无"；有的目无法纪，公开纵容、包庇地主民团戮杀农会会员；有的利用权力压迫农民运动，将破坏农民运动的行为合法化；有的干脆撕掉面具，赤膊上阵，将农会诬为土匪组织，公开实行镇压，等等。在潮安，反动分子将农会干部诬为"扰乱北伐军后方的反革命分子""扰乱北伐的暴徒"，并贴出标语，扬言要实行铲除。在五华，因当地遭水灾，粮食失收，农民提出"减租二成并禁米出口"的合理要求，县长胡谆竟说："五华农会如前清之三点匪，并且到处宣传，今日实行共产，每石谷抽四斗，以打倒官场，并阻挠军饷，贻误戎机……"在海康，县长苏民勾结劣绅，诬陷农运干部程赓"引匪济匪"。并派兵包围海康县农民协会，将程赓捕去，旋即秘密枪毙。苏民还规定："一，农军无论有何事发生，未经县长及防军营长核准，不得集中及调动，倘敢违抗，均以捣乱北伐后方论罪；二，农会无论有何问题发生，未经县长及防军营长核准，不得自由集合，倘敢违抗，以捣乱北伐后方同罪。"在曲江，同样因受灾歉收，农民提出减租，省农工厅厅长刘纪文却指责说"农会谋求减租，未经核准，竟行印发传单，公布实行，殊属不合"；还说"当北伐大军出发前方之际"，农民"创议减租"是"摇动北伐后方"。在花县，民团团长江侠庵于1926年8月勾结土匪数百人摧残九湖、田螺湖、杨村等地农会，杀害农民数十人，焚烧乡村十数处。类似事件，在西江地区的郁南、封川、德庆、三水、高要，东江地区的惠阳、淡水、紫金，南路地区的电白，北江地区的乐昌、仁化，中路地区的顺德、中山、新会等县，也时有发生。

同时，国民党右派还在广州《人权报》《现象报》《共和报》《公评报》和汕头《新民国日报》等报刊上发表许多文章，"很无忌惮地肆意诬蔑、攻击农会"。《人权报》1926年7月8日发表题为《今日之大患安在乎？》的时评说："然吾以为今日之大患，有甚于土匪者，则混充农民之匪党所组织之农会，实为今日不可不防御之后患……深望于军事当局加以严防之处分也。"《共和报》17日发表时评，称"农会以并吞为事，扰乱乡村的治安"；还说"须知民团有保卫桑梓之责，各乡联络以杜土匪觊觎，实责无旁贷"，公开为地主民团进攻农会开脱罪责。《现象报》则将"各县县长付来反动派攻击农会的报告，常是一字不漏地登载出来"，歪曲真相，诋毁诽谤农会。此外，《国华报》也有攻击农会的言论。可见，广东农民运动面临着越来越严峻的形势。

为维护农民运动，保护农民群众的利益，在共产党人和国民党左派的推动下，国民政府于1926年9月7日发表《对农民运动第三次宣言》，指出"政府当援助农民奋斗"。国民党10月召开的联席会议，确定了国民革命目前最低限度的政纲，其中包括农民有设立农民协会之自由及保障农民协会之权力、农民协会有组织农民军之自由、严禁对农民武装袭击等内容。12月，国民党广东省第二次代表大会听取和讨论了省党部农民部部长罗绮园的《农民运动报告》，通过了《农民运动决议案》，并发表宣言说，"本党的政府与军队，应该依据本党的政策与决议案，时时站在农民方面"。然而，上述宣言、决议等并未得到实施，反动势力对农会的进攻也并未得到制止。"自联席会议闭会以后，各地摧残农民运动的案件，仍继续发生"；"各地讨赤军摧残农会种种事件，层出不穷"。

1927年3月13日，在中共广东区委领导下，广东省农民协会召开第二届执行委员会第二次扩大会议。省农会全体执行委员、各路办事处和49县（市郊）代表共92人出席会议。会议的主旨是克服农民运动所面临的困难。然而，此时广东时局急剧逆转，反动分子凭借其控制的政权与军队，已做好镇压革命的准备，故会议未能达到挽救革命运动的目的。在此前后，潮梅海陆丰地区召开东江工农商学代表大会、潮梅海陆丰农民和童子团第一次代表大会，惠阳召开全县第二次农民代表大会，东莞召开第六区农民代表大会，等等，都力图扭转危局，但均未能如愿，工农运动的危机进一步加剧。

## （四）工农拥有主心骨，艰难抗争不畏苦

当左派掌权的局面被改变后，中共广东区委即意识到时局将越来越严重，于是开始组织抗争。区委强调，在复杂的斗争中要注意争取群众，要将"群众中的工作更深进一层，更偏于代表民众的利益奋斗"，以取得群众对党的信任。1926年5月20日，在区委的领导下，由中华全国总工会、广东省农民协会、广东全省教育会、广州总商会、广东全省商会联合会及自由职业者共同发起成立广东农工商学联合会。这个"以C.P.（即共产党）分子为中坚的"团体，积极开展维护民众切身利益的斗争，很快赢得了各界的好感。广大商人和市民深深感到"只有C.P.能为民众的利益而赞助革命，

不因革命而牺牲民众的利益"，因而表示拥护共产党。有的民族资本家还主动找区委领导人谈话，赞扬《向导》（共产党的政治机关报）能代表民众说活，并要求《向导》能"出一广东专号，攻击贪官污吏、专横武人及法棍"；还指出，商人要与广大工人、农民"团结起来争取自己利益"。

　　北伐战争开始后，中共广东区委明确将自己工作的重心放在巩固北伐后方和维护工农运动方面。7月13日，为反动分子所支持的广东总工会理事长陈森纠集暴徒杀害工人何森、罗昭元，还打伤十几人，制造了轰动一时的"陈森事件"。16日，广东区委通过广州工人代表

《向导》周报

会发动所属172个工会，派出2000多名工人向国民党中央党部、国民革命军总司令部和广东省农工厅请愿；并把陈森扭送公安局，要求制裁他，并严惩凶手。但是，在国民党右派的庇护下，陈森很快被释放。面对右派的公然反动，广州和各市、县工会纷纷发表通电或宣言，在全省范围内掀起揭露工贼、反对分裂工人队伍的斗争浪潮。

　　在农村，对于土豪劣绅、地主民团的进攻，广东区委

指示各地农会组织力量展开反击。7月下旬，区委召开扩大会议，听取第二次农民代表大会以来广东农运情形的报告，讨论了农民运动问题，并提出了应对的策略：各地农会"要扩大自己的宣传工作"；要将工作重点集中到农会基础较好而又较为重要的县份；要切实加强农民武装，"派有军事学识之同志去训练各处农军"；同时，要大力在农村中发展党的组织，以便适应党担负起领导整个农民运动责任的需要。8月17—24日，在广东区委领导下，省农民协会执行委员会召开扩大会议，省农民协会全体执行委员和各地农会负责人（共108人）和中央代表瞿秋白、农民运动讲习所所长毛泽东等出席了会议。会议的中心议题，"第一是在这个疾风暴雨的时期怎样去巩固内部，把自己的组织更加严密集中，使农民更有机会受革命的训练和纠正以往的错误"；"第二，必须规定出一个目前行动的纲领，领导农民在目前怎样去奋斗"。会议通过了《广东农民目前最低限度之总要求》《请愿政府惩办贪官污吏土豪劣绅民团不法军队并剿办土匪》等议案。会议期间，阮啸仙、彭湃等带领全体代表前往国民党中央党部、国民政府、广东省政府请愿，要求惩办摧残农民运动的贪官污吏、不法军队、豪绅地主、反动民团。在与会代表的强烈要求下，国民政府于9月8日决定撤换"违反政府扶助农民宗旨"的县长数人，并制定了民团与农会冲突问题的解决办法。18日，国民党中央政治会议决定改组广东省政府，撤换了压制工农运动的省民政厅厅长古应芬和农工厅厅长刘纪文，分别改由陈树人和陈其瑗担任，斗争取得了初步胜利。

此后，中共广东区委又采取了一系列积极措施，挽救工农运动：

（1）在组织方面，确定以潮梅的揭阳、普宁、海丰，中路的顺德、中山、南海、东莞，西江的鹤山、广宁，北江的清远，南路的信宜等11个县为发展农民运动的重点地区，加强对这些地区的领导。省农协5名常委实行分工负责制，分片指导。周其鉴负责西江，蔡如平负责北江，彭湃驻汕头指导潮梅地区，阮啸仙、罗绮园掌握全省情况，兼管中路地区。为防范地主豪绅对农会的破坏，区委还采取了如下措施：一是举办农民训练班，培养各级农会的办事人才；二是训练农民自卫军，使之成为有组织训练的武装，以对付反动民团的进攻；三是颁发会员证，防止土豪劣绅和一切不良分子混入，以巩固农会内部组织；四是维护农民协会组织的统一。

（2）在宣传方面，加强舆论攻势，澄清谣言，驳斥谬论，教育民众。中共广东区委"在宣传上尽量地将几个月来农民所受的压迫与痛苦写出来、说出来，让左派及社会各阶级去评判，同时公开攻击右派压迫农民事实"，区委掌握的《人民周刊》《工人之路特号》《犁头周报》等发表了许多宣传革命理论和党的方针政策、驳斥右派的文章。周恩来于1926年12月至1927年1月连续在《人民周刊》发表《国民革命与国民革命势力的团结》《现时广东的政治斗争》和《现时政治斗争中之我们》等3篇文章，系统阐释了党的方针政策，特别指出了在革命处于困难时期党应采取的对策。他指出："当着资本家压迫工人谋生活改善的正当要求，或是地主联合一切旧势力摧残农民谋解放的运动，共产党必须站在工农群众方面，为解放他们的痛苦奋斗到底。"针对各地地主民团武装进攻农会的严酷现实，他强调："民众武装在广东已成为自然不可少的组织"，"农民自卫军、工人自卫队之组织亦为势所必需"。同时，邓中夏、蓝裕业、彭湃、阮啸仙等也相继发表文章揭露、批驳反动舆论，维护工农运动。

大革命时期广东区委机关报——《人民周刊》

（3）在策略方面，中共广东区委决定：在工人运动中，对右派所控制的广东总工会要进行具体分析，将参加该工会的一般工人与东家（资本家）分开，区别对待；将机器工会与广东总工会区别开来，对机器工会要争取"与之采取联合战线形式"。在农民运动中，"不能站在调停地位，而当站在领导地位"，要将农民武装起来，与地主民团进行斗争；"农民运动的策略应该是团结小农、中农在一起，使富农（中小地主、大耕作农）中立，坚决地向土豪劣绅大地主买办和一切封建的统治者进攻"。西江地区农民运动基础较好的高要、广宁、罗定、郁南、德庆等县，要"注意国民党县党部的工作及做乡村联合战线的工作"。广东区委还将"中山舰事件"以来国民党右派压迫农民、摧残农会的事实写成书面材料，送交国民党中央和国民政府，使右派破坏工农运动的活动得到相应的遏制和处置。

（4）在人才培养方面，1926年11月，省农民协会在广州举办农民运动训练所，培训农运和农军骨干，充实和加强对农民武装的领导。训练所由赵自选任所长，阮啸仙等任教员。前来受训的，有高要、广宁、曲江、顺德、中山、惠阳、清远、东莞、番禺、南海和广州市郊等地的农运积极分子300余名。12月，省农民协会北江办事处在韶关创办北江农军学校，先后由共产党员蔡如平、朱云卿担任校主任，为当地培养训练了200多名农民自卫军的军事干部。农军学校的举办，一定程度上提高了各地农民自卫军的素质，增强了他们抗击地主民团进攻的战斗力。

国民政府北迁之际，国民党中央政治委员会颁发了限制工人运动的布告。对此，中共广东区委专门召集会议，决定由中华全国总工会、省港罢工委员会、广州工人代表会等联合发表声明并再次向政府请愿，反对压制工人运动，要求保障工人利益。广州工人代表会代表所属200多个工会、19万多工人，向广东省政府呈文，申述对政府关于限制罢工及处置工会纠纷决定的意见。并特别说明工人罢工是为了维持生计，是不法厂主、店主敲诈勒索逼出来的，希望"政府对于工人不得已之改良生活运动，予切实之保障"，对工人的正当要求"迅予负责解决"。

随着局势的步步逆转，中共广东区委认为，以李济深为首的当权者日趋反动，各地民团与农会冲突、地主与农民冲突、农民与军队冲突"就是将来绝大冲突的开始"。为此，区委遂向党中央提出：在广东应做好应付将要发生的"绝大冲突"的准备。然而，广东国民党当局却加快了反共步伐。尽管区委仍在坚持抗争，希冀改变现状，摆脱困境，将国

民革命继续推向前进，然而广东局势急转直下，革命危在旦
夕。中共广东区委遂开始着手组织退却与隐蔽，以准备继续
为挽救革命而作更艰苦的抗争。

# ★ 余 论

1927年3月，北伐军占领上海和南京。蒋介石在取得帝国主义、江浙财阀和上海青洪帮的支持后，遂露出本来面目。他召集反共势力代表密商，准备"反共清党"。4月12日，以蒋介石为首的国民党新右派在上海发动四一二反革命政变，大肆屠杀共产党员、国民党左派和革命群众。

国民党捕杀共产党员和人民群众

在广州，控制两广军政实权的李济深、古应芬等也在抓紧行动。他们从上海回到广州后，于4月14日下午召集广州警备司令钱大钧、广州市公安局局长邓彦华、第五军军长李福林等举行紧急会议，谋划在广州实施"反共清党"。会议决定"用最敏捷的手段",对共产党和人民群众"实施武力解决"。当晚,反动军警分别查封了广州工人代表会、省港罢工委员会、中华全国总工会广州办事处、广东妇女解放协会等团体,解除工人纠察队武装,逮捕共产党员和群众领袖。同时,黄埔军校学生及驻广州郊外的军校入伍生800多人也"悉被缴械"。15日凌晨,反动军警四面出动,搜捕共产党员和革命群众,广州城处于白色恐怖之中。这期间,广州共有2100多人被捕,其中共产党员600余人。被捕的共产党员和革命群众,很多遭受虐待或酷刑,被秘密枪杀的就有100多人。著名的共产党员萧楚女、刘尔崧、邓培、熊雄、李森、熊锐、何耀全、张瑞成、毕磊、沈春雨、麻植、谭其镜等,均在此时牺牲。这就是著名的广州四一五反革命政变。与此同时,广东其他各地也相继进行"清党",缉捕、残杀共产党人和革命者的事件随处可见。工农运动遭到血腥镇压,各地妇女组织也受到破坏,许多妇女干部和群众惨遭屠杀,妇女运动遭受重大挫折。轰轰烈烈的第一次大革命,在广东遭到了失败,革命转入了低潮。

但是,面对大革命失败后的白色恐怖,"中国共产党和中国人民并没有被吓倒,被征服,被杀绝。他们从地下爬起来,揩干净身上的血迹,掩埋好同伴的尸首,他们又继续战斗了"。在中国共产党的领导下，英勇的广东人民纷纷举起武装起义的大旗，他们开展土地革命，建立苏维埃政权，进行根据地建设。广东的工农运动，进入土地革命战争的新时期……

# 主要参考文献

1. 胡绳主编：《中国共产党的七十年》，中共党史出版社1991年版。

2. 中共中央党史研究室著：《中国共产党历史》（第一卷），中共党史出版社2011年版。

3. 中共广东省委党史研究室著：《中国共产党广东地方史》（第一卷），广东人民出版社1999年版。

4. 中共广东省委党史研究室编著：《中共广东历史简明读本》，广东人民出版社2011年版。

5. 杨绍练、余炎光著：《广东农民运动》，广东人民出版社1988年版。

6. 中华全国妇女联合会编：《中国妇女运动史》，春秋出版社1989年版。

7. 王建初、孙茂生主编：《中国工人运动史》，辽宁人民出版社1987年版。

8. 刘明逵、唐玉良主编：《中国工人运动史》（第三卷），广东人民出版社1998年版。

# 后 记

中国共产党是中国工人阶级的先锋队，也是中国人民和中华民族的先锋队，代表中国最广大人民的根本利益。共产党一成立，就坚定地走向社会最底层，发动工人罢工和农民运动。

广东是中国近代革命的策源地，有着光荣的革命传统和较好的群众基础。广东也是大革命的策源地和北伐战争的后方基地，工农运动的气氛非常浓烈。在这里，有中国共产党领导的较早的农民运动，有第一个农村苏维埃政权。在广州，连续举办了六届农讲所，连续召开了三次全国劳动大会，成立了全国第一个省农民协会，成立了妇女解放协会，还爆发了中国工人运动史上规模空前的省港大罢工……这一桩桩、一件件，在中国工农运动史上都占有十分重要的地位。

　　为此，编辑出版本书，希望把大革命时期广东工农运动的主要特色和突出亮点呈现给读者。本书在编写过程中，参考借鉴了大量前期的科研成果，在此表示衷心的感谢！诚然，由于水平所限，错误疏漏之处在所难免，热诚希望广大读者批评指正！

作　者

2020年6月